Huub Buijssen

Die Beratung von pflegenden Angehörigen

Huub Buijssen

Die Beratung von pflegenden Angehörigen

BELTZ
PsychologieVerlagsUnion

Anschrift des Autors:

Huub Buijssen
Dolderseweg 164
3734 BN Den Dolder, NL

Titel der Originalausgabe:
Huub Buijssen: Hulpverlening aan zorgende familieleden.

Aus dem Niederländischen übersetzt von Sven Buijssen

Lektorat: Katja van den Brink und Gerhard Tinger

Umschlaggestaltung: Dieter Vollendorf, München
Herstellung: Goldener Schnitt, Rainer Kusche, Sinzheim
Druck und Bindung: Druckhaus Thomas Müntzer, Bad Langensalza
Printed in Germany
Gedruckt auf säurefreiem Papier

ISBN 3-621-27307-7

Inhaltsverzeichnis

Vorwort

In Deutschland hat das Verständnis für die Belastungen und die Unterstützungsbedürftigkeit Pflegender in den letzten 20 Jahren allmählich zugenommen. Es geht um sehr viele Menschen. Die Zahl der Pflegenden ist mindestens so groß wie die der familiär Gepflegten: ca. 1 Million. Pflege im Rahmen von Ehen oder zwischen Eltern und Kindern gehört zu den vielschichtigsten Beziehungsformen, die zwischen Menschen denkbar sind. Sie findet statt im Spannungsverhältnis von Liebe und Verpflichtung, Anhänglichkeit und Verselbständigungswünschen, zwischen Gelassenheit und Verbitterung, Dankbarkeit und Enttäuschung, Hoffnung und Erschöpfung. In den Anstrengungen der Pflege können sich Gefühle verdichten und zuspitzen, sie kann zu Entwicklungs- und Reifungsschritten führen oder Versöhnungsbereitschaft auslösen. Pflege kann aber auch Verhärtungen und den Verlust positiver Beziehungsanteile zur Folge haben, Depression und Resignation auslösen und den Mut zum Leben nehmen. Nie darf aus dem Auge verloren werden, daß die Anstrengungen pflegender Angehöriger einem selbstverständlichen und uralten menschlichen Impuls entspringen: Dem Nächsten – Ehepartner, Kind oder Elternperson – zu helfen, wenn er in Not ist. Die moderne Medizin mit ihren vielfältig lebensverlängernden, aber Leiden oft nicht beseitigenden Potentialen und insbesondere die zunehmende Zahl Demenzkranker drohen immer häufiger, diese natürliche innerfamiliäre Hilfsbereitschaft zu überfordern.

Nachdem Beratung von pflegenden Angehörigen über lange Zeit ohne ausgewiesene Finanzierung oder als ärztliche Leistung im Rahmen der gesetzlichen Krankenversicherung nur geringfügig honoriert wurde, ist sie seit dem 01.04.1995 durch die Pflegeversicherung in Deutschland erstmalig auf eine realistische Finanzierungsgrundlage gestellt worden. In ganz Deutschland sind gegenwärtig Unterstützungsangebote für pflegende Angehörige im Rahmen von Kursen gem. § 45 der Pflegeversicherung in Entstehung begriffen. Vor diesem Hintergrund hat das vorliegende Buch große Aktualität, auch weil es – im Gegensatz zu dem sehr handlungsbezogenen Verständnis der Pflegeversicherung – schwerpunktmäßig die emotionalen und psychologischen Probleme im Zusammenhang mit Familienpflege behandelt.

Huub Buijssen wendet sich sowohl an pflegende Angehörige als auch an alle Professionellen, die sich in unterschiedlichen beruflichen Zusammenhängen um Unterstützung von Gepflegten und Pflegenden bemühen. In seiner sensiblen und warmherzigen Art ist es ihm gelungen, die Fülle der Probleme zu ordnen und Ansatzpunkte für Auseinandersetzung und Entlastung aufzuzeigen. Die Vermittlung von Informationen macht nur einen begrenzten Umfang der Unterstützungstätigkeit aus. Viel wichtiger ist die Auseinandersetzung mit Problemen der Interaktion und der Beziehung bei den betroffenen Menschen. Das Buch gibt hilfreiche Empfehlungen zum Eingrenzen der Probleme und gliedert die Entlastungsansätze in überschaubare und realistische Handlungsschritte. Immer wieder wird die Grundlage der Beratungstätigkeit deutlich gemacht: Die Herstellung einer vorübergehenden Distanz zu Problemsituationen, das gemeinsame Suchen und Nachdenken, die Vereinbarung von Teilzielen – dies alles eingebettet in eine unterstützend offene und anerkennende Atmosphäre. Herrn Buijssen ist es gelungen, einen sensiblen Kompromiß zwischen Anleitung und Regeln und dem Bewußtsein für stets mögliche Regelabweichungen und überraschende Entwicklungen zu finden. Es kommt darauf an, Phantasie und Mut zu neuen Wegen zu haben, Fehlschläge in Kauf zu nehmen und immer wieder aufs neue Versuche zu unternehmen.

Die Bereitschaft zur Pflege eines Ehepartners, Kindes oder Elternteiles ist etwas sehr Wertvolles. Sie verdient engagierte und kundige Unterstützung. Dazu kann dieses Buch viel beitragen. Möge ihm dies gelingen.

Hamburg, Februar 1996 *Jens Bruder*

Einleitung

Immer mehr Menschen pflegen einen hilfsbedürftigen Angehörigen. Viele leisten diese Arbeit anonym, in aller Stille. Für die Mehrzahl ist das, was sie tun, nichts Außergewöhnliches.

Zwischen den pflegenden Angehörigen gibt es viele Unterschiede. Eine Tochter mittleren Alters, die ihre Mutter pflegt, welche durch einen Hüftbruch hilfsbedürftig geworden ist, befindet sich in einer anderen Lage als eine ältere Frau, die ihren dementen Mann pflegt. Beide Situationen unterscheiden sich wiederum von der der jungen Mutter, die ihr autistisches Kind betreut. Ungeachtet ihres Alters, ihrer Beziehung zu dem Angehörigen und des Leidens, wovon dieser betroffen ist, haben pflegende Angehörige jedoch auch viel miteinander gemeinsam. Sie teilen viele Gefühle, Sorgen und Probleme.

Etwas mehr als die Hälfte der pflegenden Angehörigen benötigt keine Hilfe von außen. Dem verbleibenden Rest aber geht es weniger gut.

Helfer in der extramuralen Gesundheitsfürsorge kommen immer häufiger mit Angehörigen in Kontakt, die durch die Pflege selbst in Schwierigkeiten geraten (sind). Regelmäßig können sie feststellen, daß es der engste Verwandtenkreis um den Betroffenen noch schwerer hat als der Patient selbst. Ein Arzt mit viel Erfahrung in der Psychogeriatrie sagte einmal, daß er, wenn er bei einem betagten Ehepaar Hausbesuche mache, sofort die Diagnose stellen könne: „Die adrette Person mit den rosigen Wangen ist meistens der Demente, die bleiche, geplagte Person ist der überlastete, ‚gesunde' Partner."

Nicht alle professionellen Helfer sind so aufmerksam. Es gibt auch solche, die hauptsächlich Augen und Ohren für den Patienten haben. Den Angehörigen, der viel Zeit und Energie in die

Pflege des Kranken steckt, übersehen sie. Oder sie sehen diesen vor allem als menschliche Hilfsquelle oder unbezahlten Helfer, der ihnen ihre Arbeit abnehmen kann.

Daß Helfer pflegenden Angehörigen nicht gerecht werden, liegt jedoch nicht in ihrer Absicht. Während ihrer Ausbildung haben sie lediglich gelernt, Patienten zu helfen. Der pflegende Angehörige wurde in der Ausbildung nicht angesprochen.

Helfer wollen richtig und gut helfen. Teil 2 dieses Buches versucht Informationen und ein Instrumentarium zu vermitteln, um bessere Hilfestellung leisten zu können. Im ersten Teil werden zunächst einige Fakten über pflegende Angehörige angesprochen: wer sind sie, weshalb und wen pflegen sie und welche Probleme haben sie?

Die wichtigste Zielsetzung dieses Buches ist es, Helfer für die Probleme pflegender Angehöriger zu sensibilisieren.

Teil 1:

Einige wichtige Fakten über pflegende Angehörige

1. Hilfs- und pflegebedürftige Menschen

Eine Mutter, die neunzehn Jahre lang ihren Sohn pflegte, der Bluter war und im Alter von 4 Jahren durch einen medizinischen Fehler HIV-positiv wurde:

> „Eines der letzten Dinge, die Patrick sagte, war die Frage: ‚Mutti, hättest Du nicht lieber ein gesundes Kind haben wollen?' Ich antwortete: ‚Nein Patrick, ich hätte Dich auch hundert Jahre pflegen wollen. Statt Dir hätte ich keine zehn gesunden Kinder haben wollen, wirklich nicht.' Ich empfand es als Vorrecht, solch ein Kind großzuziehen. Ich hätte ihn für immer bei mir behalten wollen."

Dieses Buch behandelt die Problematik von Personen, die auf nicht-berufsmäßiger Basis jemanden aus ihrem nächsten Umfeld betreuen oder pflegen, der hilfs- oder pflegebedürftig ist. Die Pflegepersonen sind im allgemeinen Angehörige, manchmal Freunde oder Nachbarn.

Um ein realitätsnahes Bild der Problematik pflegender Angehöriger zu erhalten, ist es sinnvoll, ein ungefähres Bild der hilfsbedürftigen Angehörigen, die von jenen gepflegt werden, zu vermitteln.

Eine Einteilung

Pauschal können drei Gruppen hilfsbedürftiger Menschen unterschieden werden: behinderte Menschen, Personen mit einer heilbaren Krankheit und chronisch kranke Menschen.

Die Gruppe behinderter Menschen bilden Personen, die (eine) bleibende Einschränkung(en) haben infolge eines Unfalls, eines medizinischen Fehlers, einer Entwicklungsstörung oder einer chronischen Krankheit (letzteres zeigt bereits, daß es nicht immer möglich ist, die Gruppen chronisch Kranker und behinderter Menschen deutlich voneinander zu unterscheiden).

Die zweite Gruppe bilden Personen, die während eines begrenzten Abschnittes in ihrem Leben im Zusammenhang mit einer heilbaren körperlichen oder geistigen Erkrankung, deren Heilung sich über einen längeren Zeitraum erstreckt, Hilfe von anderen benötigen. Das sind beispielsweise Personen, die sich nach einem schweren Unfall lange rehabilitieren müssen, Ältere, die z. B. durch einen Sturz einen Knochenbruch erlitten haben oder die vielen Menschen, die einmalig eine schwere Depression durchmachen.

Der Löwenanteil pflegerischer Aktivität seitens Angehöriger steht jedoch im Zusammenhang mit einer chronischen Krankheit. Diese Kategorie Hilfsbedürftiger und ihre Betreuer werden in diesem Buch aus diesem Grunde im Mittelpunkt stehen.

Chronische Krankheiten werden des öfteren als „unabänderliche und im Durchschnitt lang andauernde Erkrankungen ohne Aussicht auf völlige Genesung“ umschrieben. Mit dem Wort „unabänderlich“ ist gemeint, daß Genesung beim heutigen Stand der Wissenschaft nicht möglich ist.

Es gibt viele chronische Erkrankungen. Die häufigsten wie Asthma, Rheuma und Diabetes sind einem breiten Publikum bekannt. In der viel größeren Gruppe seltener Krankheiten gibt es einige, von deren Existenz der Laie nicht einmal weiß: die zystische Fibrose bzw. Mukoviszidose (eine Stoffwechselerkrankung), die Kahlersche Krankheit bzw. Myelomatose (eine Krebsform) oder die Addisonsche Krankheit (eine Erkrankung der Nebennierenrinde).

Nach Rolland (1988) können chronische Krankheiten mittels vier Kriterien unterteilt werden: Entstehung, Verlauf, Ausgang, Schwere/Art der Einschränkungen.

Entstehung

Eine Krankheit kann schleichend, fast unbemerkt beginnen, aber auch plötzlich oder unvermittelt auftreten. Zur ersten Gruppe gehören neurologische Erkrankungen wie die Alzheimersche

Krankheit und die Parkinsonsche Krankheit. Beispiele für Krankheiten mit einem unvermittelten Anfang sind ein Schlaganfall und ein Herzinfarkt.

Verlauf

Eine chronische Krankheit kann sich innerhalb kurzer Zeit rasch verschlechtern, es ist jedoch genauso ein über lange Zeit stabiler Verlauf möglich. Viele chronische Krankheiten kennen sowohl eine schnelle, progressiv verlaufende als auch eine langsame Variante; man denke an Multiple Sklerose und Rheuma. Daneben gibt es Krankheiten, die durch periodische Anfälle oder Remissionen gekennzeichnet sind.

Chronische Krankheiten, die plötzlich beginnen, haben häufig einen vorwiegend stabilen Verlauf. Ein Schlaganfall oder ein Herzinfarkt stabilisiert sich meistens nach einiger Zeit, möglicherweise mit zurückbleibenden Symptomen wie verringerter Sprache und Fortbewegungsproblemen. Solange kein neuer Infarkt auftritt – die Furcht davor bleibt lange Zeit bestehen – ist der weitere Verlauf für den Patienten und sein Umfeld vorhersehbar. Krankheiten wie Krebs, Psychosen und schwere Depressionen sind nicht selten gekennzeichnet durch symptomfreie Remissionen (in denen wenig oder keine Pflege nötig ist), die sich mit Perioden abwechseln, in denen die Symptome wieder auftreten.

Ausgang

Krankheiten wie AIDS und metastasierende Krebsarten verlaufen tödlich, eine Psychose ist im allgemeinen nicht tödlich, während ein Herzleiden oder Multiple Sklerose das Leben meistens verkürzen. Eine Krankheit mit einem tödlichen Ausgang versetzt den Kranken und sein nächstes Umfeld in die Lage, sich rechtzeitig auf den endgültigen Abschied vorzubereiten.

Schwere und Art der Hilfsbedürftigkeit

Chronische Krankheiten unterscheiden sich auch in der Schwere und Art der Hilfsbedürftigkeit, mit der sie einhergehen. Einige greifen besonders die intellektuellen Fähigkeiten an (Demenzen), andere die Mobilität (Schlaganfall, Rheuma), wieder andere die Tatkraft (Herzleiden, Krebs) oder die Stimmung (Depression).

Anhand der vier genannten Begriffe bzw. Faktoren können chronische Krankheiten eingeteilt und kann eine Typologie aufgestellt werden (s. Schema 1).

Wieviele hilfsbedürftige Menschen gibt es?

Ältere

Um aktuelle Planungsdaten für eine zukünftige Sozialpolitik im Bereich Hilfe- und Pflegebedarf zu erhalten, hat das Bundesministerium für Familie und Gesundheit 1990 die Studie „Möglichkeiten und Grenzen selbständiger Lebensführung" in Auftrag gegeben. Diese wurde in einem Forschungsverbund von Infratest sowie den Universitäten Erlangen und Tübingen durchgeführt. Dank dieser Studie (Schneekloth und Potthoff, 1993), bei der 25.736 Haushalte und 60.938 Personen aus den alten und neuen Bundesländern befragt wurden, weiß man jetzt recht genau, wieviel selbständig wohnende (nicht in Einrichtungen lebende) Personen hilfs- oder pflegebedürftig sind. Pflege wird in der Studie definiert als „mindestens mehrfach wöchentlicher Bedarf an Unterstützung bei der Ausführung von körperbezogenen alltäglichen Verrichtungen. Hier handelt es sich um Tätigkeiten in den Bereichen Hygiene, Mobilität/Motorik und Ernährung bzw. Aufsichtsbedarf". Hilfsbedarf wird von den Forschern definiert als „durch Einschränkungen im Bereich der hauswirtschaftlichen oder sozialkommunikativen Verrichtungen, ohne daß Pflegebedarf vorliegt."

Die Studie des Forschungsverbundes wies aus, daß 4,1 % der Bevölkerung, das entspricht 3,2 Millionen Personen, in privaten Haushalten hilfsbedürftig sind. Davon sind knapp über ein Drittel, nämlich 1,4 %, pflegebedürftig. Das waren Ende 1991 ungefähr 1,1 Millionen Personen. Davon benötigen rund 130.000 ständig, 468.000 täglich und 465.000 mindestens mehrmals wöchentlich Pflege.

Schema 1. Einteilung chronischer Krankheiten

	Zur Invalidität führend		Nicht zur Invalidität führend	
	unmittelbar	allmählich	unmittelbar	allmählich
Tödlich Progressiv Wiederkehrend	Spina bifida	Amyotrophische Laterale Sklerose Muskeldystrophie AIDS	Bauchspeicheldrüsenkrebs Leberkrebs Brustkrebs	
U. U. tödlich Progressiv		Alzheimersche Krankheit Parkinsonsche Krankheit Multiple Sklerose Lungenemphysem		
Wiederkehrend	Angina pectoris			
Stabil	Schlaganfall		leichter Herzanfall	
Nicht tödlich Progressiv		Rheuma		Crohnsche Krankheit
Wiederkehrend		chron. psychische Störung	Epilepsie	
Stabil	Querschnittslähmung nach Unfall *			

* keine chronische Krankheit

Quelle: frei nach Rolland (1988)

Fast doppelt so groß, nämlich 2,1 Millionen Personen, ist die Anzahl derer in der Bevölkerung die hauswirtschaftlich hilfsbedürftig sind. Dies entspricht 2,7 % der Gesamtbevölkerung. Von den hilfsbedürftigen Behinderten sind etwas mehr als ein Drittel regelmäßig pflegebedürftig.

Auffällig ist, daß der Anteil pflegebedürftiger Menschen in den alten und neuen Bundesländern gleich groß ist, wohingegen der Anteil hilfsbedürftiger Menschen in den neuen Ländern (3,4 %) wesentlich höher ist als in den alten (2,7 %).

Da die Menschen länger gesund leben, ist die mittlere Lebenserwartung in diesem Jahrhundert stark angestiegen. Jedoch die Schattenseite ist, daß dem Tod viel häufiger als früher ein langer Zeitraum zunehmender Hilfsbedürftigkeit vorangeht. Wir leben also länger, aber auch länger bei angeschlagener Gesundheit. Ältere bilden deswegen in unserer Gesellschaft die bei weitem größte Gruppe Hilfsbedürftiger. Dieser Teil der Bevölkerung bestimmt vor allem die Nachfrage nach Pflege.

Das hat auch die Infratest-Untersuchung gezeigt. Bei Personen bis 40 Jahren schwankt der Anteil der Hilfe- und Pflegebedürftigen zwischen 0,2 und 0,5 %. Zwischen 40 und 64 Jahren ist der Prozentsatz leicht ansteigend auf 1,8 %. Ab 65 Jahren nimmt der Prozentsatz hilfs- und pflegebedürftiger Menschen stark zu. Von den 65–79jährigen ist einer von acht pflegebedürftig, bei den ab 80jährigen sind es sogar 4 von 10.

Die Forscher stellten fest, daß Hilfe- oder Pflegebedarf hauptsächlich auf die folgenden Bereiche von Behinderungen zurückzuführen ist:

- Körperbehinderungen aufgrund von Funktionsstörungen innerer Organe mit einem Anteil von 33 %.
- Körperbehinderungen aufgrund von fehlenden Gliedmaßen, Lähmungen oder Muskelerkrankungen: 28 %.
- Geistige Behinderungen/geistiger Abbau (inklusive möglicher weiterer Körperbehinderungen): 17 %.
- Körperbehinderungen aufgrund von Sinneseinschränkungen (Sehen, Sprechen, Hören): 10 %.

Die restlichen 12 % der hilfsbedürftigen Behinderten fallen unter die Kategorie Sonstiges (Allgemeine Bewegungseinschränkungen, Anfallsleiden ohne die o. g. Symptomatiken, seelische Behinderungen, usw. – s. Tabelle 1).

Tabelle 1. Hilfe- und Pflegebedürftige in verschiedenen Altersgruppen der Bevölkerung

	Gesamt	0–15 Jahre	16–39 Jahre	40–64 Jahre	65–79 Jahre	80 u. älter
Regelmäßiger Pflegebedarf in %	1,4	0,5	0,4	0,6	3,5	16,4
Hauswirtschaftlicher Hilfebedarf in %	2,7	0,2	0,5	1,8	9,1	22,7
Hilfe- und Pflegebedarf insgesamt (Summe) in %	4,1	0,7	0,9	2,4	12,6	39,1

Psychische Problematik

Untersuchungen über das Maß an Hilfe- oder Pflegebedarf der Bevölkerung beschränken sich meistens auf Handlungen, die Menschen nicht mehr ausführen können: nicht mehr kochen und putzen können, sich nicht mehr anziehen, waschen oder baden können, nicht mehr laufen können, usw. Viele pflegende Angehörige sagen gleichwohl aus, daß die Übernahme von Aufgaben oder das Ausführen von Handlungen der am wenigsten belastende Aspekt der Betreuung bzw. Pflege eines anderen ist. Viel schwerer ist ihnen zufolge meistens, emotionale Unterstützung zu leisten und den anderen zu beaufsichtigen (in Kapitel 3 werden wir darauf ausführlich zurückkommen). Menschen mit ernsten psychischen Problemen brauchen meistens gerade diese unsichtbare und daher schwierig meßbare Form der Betreuung bzw. Pflege. Deshalb werden wir kurz auf die Häufigkeit psychischer Problematik eingehen.

Die Liste psychischer Probleme, die sich bei Menschen einstellen können, ist ungeheuer lang. Einige der bekanntesten sind:

Angststörungen, Phobien, Zwangsstörungen, Magersucht, Psychosen, Depressionen und Alkoholabhängigkeit. Um einen Eindruck vom Umfang der psychischen Problematik zu vermitteln, folgen nun Zahlen über die Häufigkeit der drei letztgenannten Störungen: Psychose, Depression und Sucht.

Fast 650.000 Menschen (0,8 % der Bevölkerung) leidet an einer Psychose, fast 4 Millionen (5 % der Bevölkerung) an einer Depression, die in 15 % der Fälle als ernst einzustufen ist. Ungefähr 2,5 Millionen (3 % der Bevölkerung) ist in solchem Maße vom Alkohol abhängig, daß eine Behandlung vonnöten ist, eine doppelt so große Zahl ist mitbetroffen (Deutsche Hauptstelle gegen die Suchtgefahren, 1992). Die soeben genannten Zahlen dürfen im übrigen nicht addiert werden, da psychische Störungen häufig in Kombination auftreten; man denke z. B. an Depression und Sucht.

Es gibt noch keine deutsche Untersuchung über die Anzahl von Personen mit psychiatrischen Problemen, die in bezug auf Hilfe hauptsächlich auf ihre nächste Familie angewiesen sind. Jedoch ist es gut möglich, daß diese Anzahl genauso groß ist wie die derjenigen Menschen, die wegen körperlicher Behinderungen Hilfe benötigen. Denn die Anzahl der Menschen mit einer oder mehreren psychischen Störungen ist sehr groß. Überdies nimmt diese Zahl in den westlichen Ländern Jahr für Jahr noch immer zu, und trotzdem werden immer weniger Personen in eine psychiatrische Einrichtung eingewiesen. Zugleich weist die Aufnahmedauer derjenigen, die aufgenommen werden, seit Jahren eine fallende Tendenz auf. Eine geraume Zeit nach ihrer Entlassung werden viele für kurze oder längere Dauer wieder in ein psychiatrisches Krankenhaus aufgenommen. Man spricht dann von den sogenannten „Drehtür-Patienten“. Von den Patienten, die endgültig aus einer Einrichtung entlassen werden, erreicht nur eine Minderheit das Maß an Gesundheit wie vor der Krankheit.

Hilfeleistung für psychiatrische Patienten findet also vor allem außerhalb der Klinik statt. Viele Fachleute sind der Ansicht, daß Deinstitutionalisierung die Belastung der Familie vergrößert hat, da Menschen, die früher aufgenommen worden wären, jetzt ambulant behandelt werden.

Personen in Einrichtungen

Es gibt eine weitere Gruppe, die in jeder Untersuchung über das Ausmaß an Betreuung bzw. Pflege von Familienangehörigen ausgelassen wird: Angehörige, die einen Nächsten pflegen, der in eine Einrichtung aufgenommen wurde. Diese Angehörigen müssen zwar in den meisten Fällen keine praktische Hilfe leisten, die Pflege auf anderen Gebieten geht jedoch einfach weiter.

> „Jetzt, wo mein Mann nicht mehr täglich bei mir ist, bin ich fortwährend in Gedanken bei ihm. Ich frage mich stets, wie es ihm wohl geht. Jedesmal, wenn ich ihn besuche und sein Zimmer betrete, bin ich gespannt, wie ich ihn antreffen werde. Er kann nicht mehr für sich selbst eintreten, das muß ich jetzt machen. Wie oft kommt es vor, daß ich die Schwestern auf Fehler, die sie bei der Pflege machen, hinweisen oder auf Dinge aufmerksam machen muß, die sie vergessen haben. Wenn ich nichts sage, kümmert man sich wirklich nicht genug um meinen Mann. Ich finde es nicht gut, Polizist zu spielen, es nagt an meinen Nerven. Nein, ich bin zwar von der körperlichen Arbeit, die ich nicht mehr bewältigen konnte, erlöst, aber ich habe noch genauso viel zu tun wie vorher. Jeden Nachmittag besuche ich ihn von halb zwei bis fünf, sonst sieht er niemanden. Jeden Tag muß ich mich morgens mit den täglichen Arbeiten beeilen, damit ich nachmittags rechtzeitig den Bus nehmen kann. Mein Mann wohnt nicht mehr zu Hause, und dennoch beschäftige ich mich den ganzen Tag mit ihm. Ich habe genauso viel Streß. Ich habe genauso viele Sorgen."

Rund 450.000 Pflegebedürftige sind in Heimen oder stationären Einrichtungen untergebracht. (Zusammen mit den 1,1 Millionen Pflegebedürftigen, die in privaten Haushalten von den Angehörigen versorgt werden, gab es 1991 also mindestens 1,55 Millionen pflegebedürftige Menschen in Deutschland.)

In Zukunft wird die Anzahl älterer Menschen stark zunehmen. Infolgedessen wird auch die Zahl hilfsbedürftiger Menschen dementsprechend steigen. Dafür ist insbesondere die wachsende Zahl Hochbetagter verantwortlich. Bis zum Jahr 2000 werden 17,5 % der Bevölkerung 65 Jahre oder älter sein. Der Anteil der älteren Bevölkerung an der Gesamtbevölkerung wird in den ersten fünfundzwanzig Jahren des 21. Jahrhunderts weiterhin wachsen.

Weiterhin gibt es noch verschiedene andere Entwicklungen, die dafür sorgen, daß in Zukunft die Nachfrage nach Pflege seitens Angehöriger stark zunehmen wird. Die Verschiebung vom stationären zum ambulanten Sektor (abnehmende Zahl an Psychiatrie-, Krankenhaus- und Pflegeheimbetten und Verkürzung der Aufnahmedauer) hat zur Folge, daß mehr Menschen in der häuslichen Umgebung gepflegt werden müssen. Die bessere Zusammenarbeit innerhalb des stationären Sektors in Kombination mit medizinisch-technischen Entwicklungen und dem Verfügbarwerden von fernbedienbaren Kommunikationsgeräten führen auch dazu, daß die Möglichkeiten, länger zu Hause zu bleiben, größer werden. Dazu kommt der Wunsch vieler Menschen, ungeachtet ihres Alters, in Zeiten von Krankheit und Abhängigkeit in den eigenen vier Wänden wohnen zu bleiben.

2. Pflegende Angehörige

Wieviele Angehörige pflegen?

In unserer Gesellschaft wird mehr gepflegt denn je. Noch niemals zuvor wurde so viel Pflege an hilfsbedürftigen Angehörigen geleistet wie in der heutigen Zeit (Brody, 1985). Der Hilfsappell, der von dem chronisch Kranken ausgeht, wird am ehesten von demjenigen Angehörigen gefühlt, der die engste Beziehung zu ihm hat: Partner, Mutter oder Vater, Tochter oder Sohn, Bruder oder Schwester. Er wird, falls seine Gesundheit es zuläßt, die meiste Pflege leisten. In der Literatur wird diese Person häufig mit dem Terminus *Hauptpflegeperson* umschrieben. So haben rund drei Viertel der geistig Behinderten bzw. unter geistigem Abbau leidenden Personen eine Hauptpflegeperson (Schneekloth und Potthoff, 1993).

Es wurde nicht nur niemals zuvor in der Menschheitsgeschichte von Angehörigen so viel Betreuung bzw. Pflege geleistet, sie war auch niemals zuvor so schwer und komplex und damit auch so belastend wie heutzutage. Die Infratest-Untersuchung hat gezeigt, daß 72 % der Hauptpflegepersonen sich „sehr stark oder eher stark" belastet fühlen. Eher wenig belastet fühlen sich 24 % und gar nicht belastet nur 4 %. Die Belastung ist um so höher, je mehr Pflege geleistet werden muß: knapp über drei Viertel der Hauptpflegepersonen, die Personen mit ständigem Pflegebedarf betreuen, fühlen sich sehr stark belastet, wohingegen bei den zu betreuenden Personen mit mehrfach wöchentlichem Pflegebedarf lediglich ein Drittel der Hauptpflegepersonen angibt, stark belastet zu sein.

Die wichtigsten pflegenden Angehörigen: Frauen

Wenn ein Ehepaar ein Kind mit einer zur Invalidität führenden Krankheit bekommt, nimmt meist die Frau den Pflegedienst auf sich. „Hausmänner“ sind noch sehr selten (s. Tabelle 2). Der Mann hilft zwar in der überwiegenden Zahl der Fälle mit, unterm Strich macht er jedoch viel weniger. Wenn bei einem jungen Ehepaar oder einem in mittlerem Alter einer der beiden hilfsbedürftig wird, übernimmt der gesunde Partner zumeist automatisch die Pflege. Nicht-betagte Männer haben im Vergleich zu Frauen freilich viel mehr Mühe damit, mit einem hilfsbedürftigen Partner zu leben und ihr Leben in den Dienst der Ehefrau zu stellen. Bei einem älteren Ehepaar wird der gesunde Partner, unabhängig vom Geschlecht, seinen hilfsbedürftigen Partner pflegen. Weil Frauen meistens mit einem älteren Mann verheiratet sind und sie obendrein durchschnittlich sechs Jahre länger leben, fällt der Pflegedienst gewöhnlich ihnen zu.

Tabelle 2. Hauptpflegepersonen von Pflegebedürftigen verschiedener Altersgruppen in Privathaushalten

in %	0–15 Jahre	16–39 Jahre	40–64 Jahre	65–79 Jahre	80 u. älter
Lebens-/Ehepartner (w.)	0	4	53	39	12
Lebens-/Ehepartner (m.)	0	14	23	22	5
Mutter	98	78	3	0	0
Vater	2	0	0	0	0
Tochter	0	2	4	24	44
Sohn	0	0	1	2	6
Schwiegertochter	0	0	1	6	17
andere Verwandte	0	2	12	6	9
Freunde, Nachbarn	0	0	2	2	7

Pflegebedürftige in Privathaushalten = 100
Quelle: Infratest 1992

Renate Rubinstein schreibt in ihrem Buch „Neen heb je“[1], daß sie Glück hatte, bereits vier Jahre, bevor ihr die Diagnose Multiple Sklerose (MS) mitgeteilt wurde, von ihrem Mann verlassen worden zu sein: „Vor Jahren war ein Inspektor vom Gesundheitsamt zu Besuch. Der durchschnittliche Inspektor erzählt unangenehme Wahrheiten. Dieser Mann sagte ganz lakonisch: ‚Frau Rubinstein, wenn bei uns [d. h. in den Niederlanden] eine verheiratete Frau eingeschrieben wird, tragen wir sie gleich unter ihrem Mädchennamen[2] ein, denn wir wissen, daß ihre Ehe in die Brüche gehen wird: ihr Mann, der läuft weg.‘ ‚Und wenn der Mann invalide wird‘, fragte ich. ‚Nun ja, das ist etwas anderes, Frauen bleiben im allgemeinen‘, antwortete er und zuckte entschuldigend mit den Schultern. Gerecht fand er es nicht, aber es sei nun einmal so.“ Renate Rubinstein fügt unmittelbar darauf hinzu, daß dieser Mann wohl ein wenig übertrieb: „Es ist nicht immer so, der Mann sprach lediglich statistisch. Mein Vereinsblatt enthält einige Leserbriefe von Männern, die für den Rollstuhl ihrer lieben, invaliden Frau eine praktische Lösung gefunden haben, so daß sie dennoch mit zum Campen fahren kann.“ Der Satz „der Mann sprach lediglich statistisch“ macht allerdings sehr wohl deutlich, daß die Aussichten für verheiratete Frauen, die invalide werden, weniger günstig als für Männer sind. Dies ist, fürchte ich, keine Entwicklung der modernen Zeit. Der im 19. Jahrhundert lebende russische Schriftsteller Alexander Herzen schreibt bereits in seinem mehrbändigen Lebenswerk „Mein Leben“, daß Frauen, deren Männer in Straflager verbannt wurden, freiwillig mit nach Sibirien gingen und daß der umgekehrte Fall nur sehr selten vorkam.

Bei alleinstehenden, älteren Frauen, unter denen sich viele chronisch Kranke befinden, wird die Pflege meistens durch eines der Kinder geleistet. Wenn ein hilfsbedürftiger, alleinstehender Elternteil sowohl Söhne als auch Töchter hat, wird sich in den meisten Fällen eine der Töchter berufen fühlen, den Pflegedienst auf sich zu nehmen. Geographische Nähe und die Zahl der Ver-

---

1 frei übersetzt etwa: „Ein Nein ist Dir sicher [ein Ja kannst du bekommen]“ – *Anm. d. Ü.*

2 Ihren Mädchennamen erhält eine Frau in den Niederlanden bei einer Scheidung automatisch zurück. – *Anm. d. Ü.*

pflichtungen haben einen wichtigen, bestimmenden Einfluß bei der Frage, welche Tochter pflegen wird. Die Tochter, die am nächsten wohnt und/oder keinen Partner bzw. zu Hause wohnende Kinder oder keinen Arbeitsplatz hat, kommt als erste in Frage. Der moralische Druck, der auf sie ausgeübt wird oder den sie selbst verspürt, ist größer, als wenn sie weit entfernt wohnt oder eine Familie hat, die all ihre Aufmerksamkeit und Zeit in Anspruch nimmt. Deswegen findet man unter Hauptpflegepersonen relativ viele alleinstehende Frauen.

Söhne übernehmen oft erst die Verantwortung, wenn sie keine Schwester(n) haben. Ein verheirateter Sohn wird jedoch einen Großteil der Pflege seiner Frau überlassen. In unserer Gesellschaft sind es daher überwiegend Frauen, die ihre hilfsbedürftigen Angehörigen pflegen. Drei von vier Hauptpflegepersonen sind Frauen (Schneekloth und Potthoff, 1993). (Weil pflegende Angehörige überwiegend Frauen sind, werde ich im folgenden die weibliche Form wählen.)

Die Hälfte der Hauptpflegepersonen ist zwischen fünfundvierzig und fünfundsechzig Jahre alt, wobei das Durchschnittsalter bei siebenundfünfzig Jahren liegt. Es gibt natürlich viele Ausreißer nach oben und nach unten. So kommt es vor, daß eine siebzigjährige Frau ihre Mutter von über neunzig pflegt. Andererseits gibt es ebenso Frauen um die fünfundzwanzig, die frisch verheiratet sofort ihre Mutter pflegen müssen, die sechzigjährig einen Schlaganfall erlitten hat.

Die Pflege eines hilfsbedürftigen Elternteils kommt für ein Kind fast immer zu einem ungelegenen Zeitpunkt, wie alt das Kind auch sein mag. Jüngere Betreuerinnen sagen „Dafür bin ich noch zu jung“, Betreuerinnen in mittleren Jahren „Ich dachte, daß ich in diesem Abschnitt meines Lebens frei wäre“ und ältere Betreuerinnen sagen „Ich bin dafür jetzt zu alt.“

In einer großangelegten englischen Untersuchung von 3000 erwachsenen Männern und Frauen zeigte sich, daß ein Drittel aller pflegenden Frauen einerseits für ihre Kinder sorgte und andererseits ihre eigenen Eltern pflegte (*Opportunities for women*, 1990). Aufgrund der Sorge für zwei Generationen, der jüngsten und der ältesten, werden pflegende Frauen in mittlerem Alter in englischsprachigen Ländern mit den Termini

„Sandwich-Generation", „Stützpfeiler-Generation" oder „Gefangene der Liebe" umschrieben. Viele dieser Frauen verbringen heutzutage ebensoviel Zeit mit der Pflege ihrer hilfsbedürftigen (Schwieger-)Eltern wie mit der Erziehung ihrer Kinder. Wenn sich die heutigen Pflegegewohnheiten und -traditionen fortsetzen, können viele Frauen, die jetzt noch jung sind, damit rechnen, während eines bestimmten Lebensabschnittes ihre hilfsbedürftigen Eltern pflegen zu müssen. Neben dem Gebären und Aufziehen ihrer Kinder wird dies ein zweiter, „fester" Bestandteil ihrer Entwicklung und ihres Lebenslaufes.

Unter den pflegenden Frauen haben es die (vielen) alleinstehenden Betreuerinnen am schwersten. Denn ihnen fehlt ja die moralische und praktische Unterstützung durch einen Partner.

Die Pflege der Eltern kann sich über einen längeren Zeitraum ausdehnen: von den befragten Frauen in der oben erwähnten englischen Untersuchung gaben 40 % an, daß sie erwarteten, die Pflege noch mindestens zehn Jahre fortsetzen zu müssen. Ein gleicher Prozentsatz machte sich Sorgen, ob sie der Aufgabe in Zukunft noch gewachsen sein würden, 37 % vermuteten, daß sie wohl ihren Arbeitsplatz kündigen müßten. Bei einer anderen (amerikanischen) Untersuchung (Brody, 1990) stellte sich heraus, daß ein Viertel aller pflegenden Töchter wegen der Pflege ihrer Eltern aufgehört hatte zu arbeiten, ein weiteres Viertel hatte bereits die Zahl der Arbeitsstunden reduziert oder beschäftigte sich mit dem Gedanken, die Arbeit aufzugeben. Von den nicht berufstätigen Frauen würde die Hälfte arbeiten gehen, falls es ausreichend Einrichtungen gäbe, um die notwendige Unterstützung zu leisten.

Die Daten aus der Infratest-Studie zeigen, daß die Situation der Hauptpflegepersonen in Deutschland nicht viel günstiger ist als in den Vereinigten Staaten. Es zeigte sich, daß knapp über ein Viertel aller Hauptpflegepersonen wegen der Betreuung bzw. Pflege eines nächsten Angehörigen ihre Arbeit aufgegeben und etwas weniger als ein Viertel ihre Erwerbstätigkeit eingeschränkt hatten. Ein anderes – fast selbstverständliches – Faktum war, daß bei den Hauptpflegepersonen, die jemanden mit ständigem Pflegebedarf betreuen, der Prozentsatz derer, die ihre Arbeit hatten aufgeben müssen, viel höher war, nämlich viermal so hoch, als bei denjenigen, die jemanden mit mehrfach wöchentlichem Bedarf betreuten.

Motive für die Pflege

„Bei meiner Hochzeit habe ich ‚Ja' gesagt, und daran halte ich mich auch. Das ist nicht eine Frage des Müssens. Es ist eine Sache des Gefühls, trotz der Schwierigkeiten, die einem während der Ehe begegnen. Wenn ich mit jemandem zusammen bergsteigen gehe, sage ich auch nicht auf halbem Wege: ‚Tut mir leid, ich habe keine Lust mehr.' Dann ist man ein Feigling. Darüber hinaus ist es fester Bestandteil unseres Glaubens, einander bis zum Ende treu zu sein."

Weshalb leisten Betreuerinnen hilfsbedürftigen Angehörigen so viel Hilfe, weshalb entscheiden sie sich dafür, wenn es doch so schwierig ist?

Wenn pflegende Angehörige gefragt werden, was sie zur Pflege bewogen hat, wird die Antwort in vielen Fällen lauten, daß es nie eine bewußte Entscheidung gegeben hat. Bei Ehepaaren ist die Entscheidung, ihren Partner zu pflegen, wenn dieser hilfsbedürftig wird, etwas Selbstverständliches. Für drei Viertel der Angehörigen stellt Selbstverständlichkeit, die ihren Ursprung im Familienband hat, sogar das wichtigste Motiv für die Pflege dar (Van Daal, 1990): „Darüber denkt man nicht einmal nach, man macht es einfach." Eltern, die ein behindertes Kind haben, sagen dies fast ausnahmslos. Auch Kinder, die ihre hilfsbedürftigen Eltern pflegen, treffen selten eine bewußte Wahl. So sagen 75 % der pflegenden Töchter aus, daß sie unbemerkt Pflegerin geworden sind. Das hängt nicht selten mit dem oft schleichenden Charakter der Krankheit des Angehörigen, der Hilfe benötigt, zusammen. „Es ist einfach so passiert." „Erst im nachhinein wurde mir klar, was ich tat." Ungefähr 25 % der helfenden Angehörigen möchten die Pflege im Grunde nicht leisten, fühlen sich dazu jedoch moralisch verpflichtet (Van Daal, 1990).

Menschen können positive Gründe für die Pflege haben, aber auch negative. Vielfach liegen diese hinter dem Motiv Selbstverständlichkeit verborgen. Zu positiver Motivation kann folgendes gezählt werden:

- *Liebe oder Zuneigung.* „Ich liebe ihn." oder „Weil ich es ihm gönne."
- *Etwas zurückgeben wollen.* „Ich bin ihr zu großem Dank verpflichtet, sie hat so viel für mich getan." oder „Ich habe sie früher oft schlecht behandelt, das möchte ich jetzt wiedergutmachen."
- *Vermeidung von Schuldgefühlen.* „Ich würde es mir nie verzeihen, wenn ich ihn jetzt im Stich lassen würde." oder „Es wird von mir erwartet."
- *Gerne jemanden pflegen.* „Ich bin ein fürsorglicher Typ."
- *Verantwortungs- oder Pflichtgefühl.* „Als Mann und Frau soll man einander gerade auch in schweren Zeiten helfen. Für mich ist dieses Eheversprechen keine leere Floskel."
- *Selbstvertrauen.* „Ich glaube, daß es am naheliegendsten ist, daß ich es mache und daß es niemand besser als ich machen kann."
- *Sinngebung und Lebensziel.* „Ich weiß jetzt zum ersten Mal seit Jahren, wofür ich lebe."
- *Kontaktbedürfnis.* „Ich weiß bereits jetzt, daß ich fürchterlich einsam sein werde, wenn es sie nicht mehr geben wird. Ich habe eigentlich nur sie."
- *Glaubensüberzeugung.* „Wenn ich an der Himmelspforte stehe, will ich Petrus in die Augen schauen können, wenn er mich fragt, ob ich meinen Vater und meine Mutter geehrt habe."

Es gibt jedoch auch Faktoren, die eher dafür sprechen, die Pflege eines Angehörigen nicht auf sich zu nehmen:
- *Schlechte Beziehung zum Angehörigen.* „Wir kommen nur schlecht miteinander aus. Und das nicht nur in letzter Zeit."
- *Schlechter Gesundheitszustand.* „Vor zwei Jahren hatte ich eine schwere Herzoperation, und meine Hüften sind auch verschlissen."
- *Anderweitige Verpflichtungen.* „Meine Frau und meine Kinder stehen an erster Stelle. Hinzu kommt noch, daß unser Jüngstes geistig behindert ist, wir haben deshalb bereits alle Hände voll zu tun."
- *Wunsch, einem Beruf zu entfliehen, der langweilig und schwer oder aber überfordernd ist.* „Ich war in meinem Beruf ei-

gentlich überfordert, die Jüngeren haben mich links und rechts überholt."

- *Verfügbarkeit besserer Alternativen.* „Ich weiß, daß es andere Möglichkeiten gibt, die zumindest genauso gut sind."
- *Hoffnung auf Erbe, Geld oder einen finanziellen Vorteil.* „Ich mache es nur, weil Vater mich gut dafür bezahlt."
- *Mangelnde Assertivität* (sich noch immer untergeben oder unterlegen fühlen). „Ich bin ihm nicht gewachsen, wie sehr ich mir das Gegenteil auch wünsche."
- *Ein früheres Versprechen*, das unter dem Druck von anderen in einem emotionalen Augenblick gegeben wurde, z. B. am Sterbebett. „Ich habe es Vater eine Stunde vor seinem Tode versprochen. Ich habe es sofort bereut, aber es war schon zu spät, um es rückgängig zu machen."
- *Verurteilung durch andere vermeiden.* „Wenn ich meinen Mann aufnehmen lasse, fällt bestimmt die ganze Familie über mich her. Ich fürchte, daß sogar meine Kinder mich dann fallen lassen."

Bei manchen Motiven ist es schwierig vorherzusagen, ob sie sich als negativ oder positiv herausstellen werden. Dies gilt z. B. für Motive wie Bedürfnis nach Bewunderung oder sich gegenüber dem Betreuten oder dem Umfeld beweisen zu wollen. Dasselbe läßt sich von dem Motiv sagen, unentbehrlich und wichtig zu sein. Anfängliche Motive können sich während der Pflegeperiode auch in ihrer Intensität ändern, manchmal sogar verblassen.

> „Als ich mit der Pflege begann, da liebte ich ihn sehr, deshalb tat ich es. Er hat sich durch die Krankheit völlig verändert. Ich schäme mich, es zu sagen, aber so wie er jetzt ist, liebe ich ihn nicht mehr."

Menschen haben häufig nicht ein, sondern mehrere Motive, jemanden zu pflegen. Die Pflege ist schwer, wenn diese Motive miteinander im Widerstreit stehen. „Ich mache es gern, aber meine Gesundheit und mein Familienleben lassen es eigentlich nicht zu." Wenn nicht mindestens ein positives Argument genannt werden kann, wird es fast unmöglich werden, die Pflege durchzustehen, geschweige denn, den Betreuten gut zu pflegen.

Falls die Motive ausgesprochen positiv sind (Liebe, Zuneigung), ist man oft besser und länger in der Lage zu pflegen. Gleichzeitig besteht die Gefahr, zu weit zu gehen und die Grenzen der eigenen psychischen und körperlichen Möglichkeiten zu überschreiten.

„Wenn er so aggressiv ist, ist er nicht ansprechbar. Dann kneift er mich fürchterlich. Ich bekomme danach überall blaue Flecken. Manchmal drückt er meine Armbanduhr ganz in mein Handgelenk. Das Ganze ist sehr schwierig, nichtsdestoweniger bin ich heilfroh, daß ich meinen Mann noch zu Hause habe. Ich werde mich voll und ganz dafür einsetzen, daß mein Mann zu Hause bleiben kann. Sollte er mich totschlagen, wäre meine Zeit abgelaufen und er würde dann ebenfalls nicht mehr lange leben, aber solange ich lebe, werde ich für ihn sorgen. Ich werde todunglücklich sein, wenn ich ihn aufnehmen lassen muß. Das Ergebnis wäre, daß er im Pflegeheim säße und ich in der Irrenanstalt. Ich kann ihn einfach nicht aus dem Haus geben. Immer hat er alles für mich getan, wir hatten eine schöne Zeit zusammen. Wir haben gemeinsam so viel Gutes erlebt und eine wunderbare Familie gehabt. Wenn ich meinen Mann weggebe, würde ich es nicht wagen, ihm nochmals unter die Augen zu treten. Als er voriges Mal im Pflegeheim aufgenommen wurde, sagte er mit geballter Faust: ‚Du hast mich betrogen.' Dieser Augenblick läßt mich nicht mehr los. Wenn ich meinen Mann ins Pflegeheim gebe, werde ich diese Faust bis ans Ende meines Lebens vor Augen haben." (Duijnstee, 1992).

Wenn die negativen Gefühle die Oberhand gewinnen, besteht die Gefahr, daß die Pflege lieblos wird; das Risiko der Verwahrlosung oder der seelischen und/oder körperlichen Mißhandlung (Quälen, Schlagen) ist dann nicht von der Hand zu weisen. Wenn Betreuerin und hilfsbedürftiger Angehöriger nicht gut miteinander harmonisieren, ist auch der umgekehrte Fall nicht ausgeschlossen: derjenige, der gepflegt wird, geht zu vorwiegend seelischer Mißhandlung über.

Wenn eine Betreuerin direkt gefragt wird, was sie bewogen hat, wird sie die Antwort meistens zunächst und sogar bei späteren Anläufen schuldig bleiben. Ein Gespräch mit einem pflegenden Angehörigen über die Motive für die Pflege wird daher oftmals einen eher mühsamen Charakter haben.

3. Probleme der pflegenden Angehörigen

Einleitung

Die Pflege eines geliebten Nächsten kostet viel Kraft. Obendrein ist sie mit vielen und heftigen Emotionen verwoben. Die Pflege kann einerseits sehr befriedigen, andererseits aber auch zu viel Kummer und Schmerz führen.

Untersuchungen, die in den letzten zwanzig Jahren mit pflegenden Angehörigen durchgeführt wurden, ergaben, daß das Pflegen für viele sowohl körperlich als auch psychisch sehr belastend sein kann. Es ist deutlich geworden, daß ein Drittel bis die Hälfte aller pflegenden Angehörigen selbst Gesundheitsprobleme haben. Diese äußern sich in Beschwerden wie Angst, Schlaflosigkeit, Depression, Ruhelosigkeit, Abhängigkeit von Beruhigungsmitteln, geringes Selbstwertgefühl, Magen- und Darmbeschwerden, Nacken- und Rückenschmerzen, Hyperventilation, Gereiztheit und Kopfschmerzen. Obwohl diese Beschwerden nicht in jedem Fall in Zusammenhang mit den Pflegeaufgaben stehen, die man erfüllt, steht dennoch fest, daß die Pflege eines Nächsten einer der streßreichsten „Jobs" ist, die es gibt. Gesundheitsprobleme können den Pflegedienst noch erschweren.

Wie bereits in Kapitel 2 kurz angesprochen, führt die Aufnahme in eine Einrichtung bei weitem nicht immer zu der Entlastung, die man erhofft hatte. Denn die Bande zwischen dem Patienten und dem pflegenden Angehörigen werden durch die Aufnahme ja nicht zerschnitten. Der Streß ist nach der Aufnahme allerdings von anderer Art. Die Tatsache, daß die Pflege aus der Hand gegeben wurde, ruft bei den meisten heftige Schuldgefühle hervor, die noch nach Jahren bestehen können. Um diese Schuldgefühle zu verringern, pflegen viele einfach weiter. Sie können nicht anders. Sie bringen selbstgemachtes Essen für den Patienten mit, füttern ihn damit, heitern ihn auf und trösten ihn; man wäscht seine Kleidung, geht mit ihm spazieren, spricht das Pflegepersonal und Ärzte auf begangene Fehler und Nachlässigkeiten an oder strengt sich an, dem Personal so zuvorkommend wie möglich zu begegnen, in der Hoffnung, der Patient möge die Früchte dessen ernten können. Eine französische Studie unter Angehörigen, die einen dementen Älteren zu Hause gepflegt hatten, zeigt, daß 35 % auch noch ein Jahr nach der Aufnahme dieses Älteren in ein Pflegeheim viel Streß erleben.

Professionelle Helfer vergessen diese Gruppe regelmäßig. Die in klinischen Einrichtungen arbeitenden professionellen Helfer konzentrieren sich in der Hauptsache auf den aufgenommenen Patienten und sind der Ansicht, daß Angehörige, die ihn besuchen und in Schwierigkeiten stecken, zu ihren Kollegen außerhalb der Klinik gehen sollen. Diese gehen dagegen davon aus, daß die Familie nach der Aufnahme keine Hilfe mehr benötigt und, falls doch, sich besser an die Einrichtung wenden soll, in der ihr Angehöriger lebt.

Pflegeaufgaben

Eine chronische Krankheit stellt das nähere soziale Umfeld vor eine Vielzahl von Aufgaben. Am sichtbarsten ist die Arbeit im Haushalt und die körperliche Versorgung, die geleistet werden muß. Im Haushalt müssen u. a. die Betten gemacht, Mahlzeiten zubereitet und Einkäufe erledigt werden, es muß aufgeräumt und geputzt werden. In den Bereich der körperlichen Versorgung fallen Aufgaben wie Helfen beim An- und Ausziehen, beim Gang zur Toilette, beim Essen und Baden, die Pflege der Haare und die Mundhygiene. Es werden auch vielfältige Aufgaben auf sich genommen, die pflegerischer Art sind, z. B. spritzen, Wundversorgung und Anlegen von Umschlägen. Häufig müssen pflegende Angehörige auch Verwaltungsaufgaben übernehmen, z. B. Rechnungen bezahlen, Buchhaltung führen sowie Zuschüsse und Beihilfen beantragen.

Pflege ist allerdings mehr als nur Hilfe bei funktionalen Einschränkungen. Betreuerinnen können noch viele andere Aufgaben nennen, die Teil der Pflege sind: „Vater Gesellschaft leisten“, „sie anregen, etwas zu machen“, „anderen erklären, weshalb mein Kind sich anders verhält“, „mit ihren wechselnden Stimmungen umgehen“.

Viele pflegende Angehörige sind im Grunde Pflegekoordinatoren: sie beraten sich mit dem Arzt, vermitteln zwischen den Einrichtungen und achten darauf, daß Helfer die Pflege aufeinander abstimmen.

> „Irgendwann kommt mein Mann in die enthemmte Phase. So nennt der Doktor das. Er ist dann unheimlich aggressiv. Wenn ich zu ihm sage, daß es rot ist, sagt er, daß es grün ist. Er tobt in einem fort. Er redet von morgens früh bis abends spät und dann auch nachts noch. Geht abends auf Tour und ist eigentlich nicht zu bändigen. Ich ertrage das nicht, es ruft Widerstand in mir wach. An einem bestimmten Zeitpunkt fange ich dann selbst an zu schreien. Ich habe versucht, ihm deutlich zu machen, was er da macht, indem ich zu getrennten Schlafzimmern überging. Ich schrieb in mein Tagebuch: ‚Oh mein Gott, wie lange soll das noch so weitergehen, muß ich so mein Leben verbringen?‘ Das taucht regelmäßig in meinem Tagebuch auf, denn er setzt mich ungeheuer unter Druck.“ (Borgius, 1994).

Der Appell, den der psychiatrische Patient an sein Umfeld richtet, ist vor allem emotionaler Natur. Hier besteht die Pflege weniger darin, „die Ärmel hochzukrempeln“ – obwohl in vielen Fällen im Haushalt und bei der Körperpflege geholfen werden muß –, sondern vielmehr darin, sich über das Wohlergehen des anderen Sorgen zu machen: ungewöhnliches Eß- und Schlafverhalten, Selbstgespräche und akustische Halluzinationen, mangelnde Motivation, etwas aus dem Leben zu machen, unvorhersehbares Verhalten, physische Bedrohung, die Tatsache des sich Zurückziehens und Isolierens, schlechter Umgang mit Geld, eine neue Krise, Möglichkeit eines Selbstmordversuches.

Die Familie fühlt sich für den Patienten verantwortlich und gibt Ratschläge, hört zu, schaltet Hilfe ein, lädt andere dazu ein, den Kontakt aufrechtzuerhalten, regt an, versucht zu unterstützen, hilft bei der Lösung großer und kleiner Probleme und sieht oft machtlos zu und leidet in aller Stille. Viele kämpfen mit zwiespältigen Gefühlen: Mitleid – Zorn, Angst – Hoffnung, Anteilnahme und helfen wollen – Abstand halten wollen. Angehörige, die jemanden mit einer psychischen Störung pflegen, haben es deshalb oft mindestens genauso schwer wie Betreuerinnen eines Angehörigen mit einer körperlichen Störung. Dabei bilden sie möglicherweise eine noch vernachlässigtere und vergessenere Gruppe als diejenigen, die sichtbar etwas für jemanden mit einer genausowenig sichtbaren Einschränkung tun.

Psychische und soziale Probleme

Strauss u. a. (1984) unterscheiden acht psychische und soziale Probleme, mit denen pflegende Angehörige konfrontiert werden:
- Vermeidung medizinischer Krisen und, falls sie trotzdem eintreten, Umgang mit ihnen.
- Unter-Kontrolle-halten der Symptome oder Beschwerden.
- Ausführung oder Überwachung der vom Arzt auferlegten Regeln und medizinischen Vorschriften sowie Handhabung der daraus resultierenden Probleme.
- Vermeidung sozialer Isolierung durch verminderten Kontakt mit anderen.
- Anpassung an die Veränderungen, die im Laufe des Krankheitsprozesses auftreten, an Verschlechterungen bzw. Remissionen.
- Versuche, unter den gegebenen Umständen so normal wie möglich mit anderen umzugehen und die eigene Lebensart beizubehalten.
- Versuchen, alle Aufwendungen für Pflege und medizinische Behandlungen finanziell auf die Reihe zu bekommen und mit weniger Einkommen über die Runden zu kommen, da man nicht mehr oder nur noch eingeschränkt berufstätig sein kann.
- Psychologischen Problemen sowie Problemen in der Beziehung und der Familie die Stirn bieten.

Neben diesen Problemen, mit denen alle pflegenden Angehörigen zu kämpfen haben, gibt es noch viele Probleme, die bei speziellen chronischen Erkrankungen auf den Plan treten. So ist

z. B. leidiger Nebeneffekt vieler chronischer Krankheiten, daß Veränderungen der Sexualität hinsichtlich der Bedürfnisse, des Verlangens und der Möglichkeiten auftreten. Die Rechnung wird auch dem Partner präsentiert.

Eine andere Aufgabe für viele pflegende Angehörige ist die, den Patienten trösten und bei der Verarbeitung der Krankheit helfen zu müssen, obwohl auch sie häufig selbst genausoviel Bedürfnis nach Unterstützung haben.

Viele ältere Betreuer werden von der Frage gequält, wie es weitergehen soll, wenn sie selbst unvermutet sterben sollten: wer pflegt dann weiter?

Angehörige psychiatrischer Patienten kämpfen häufig mit dem Problem, daß Helfer sie oftmals weder als Mitopfer noch als potentielle Helfer sehen, sondern als Ursache der Krankheit. Schuld daran ist die bis vor kurzem herrschende Meinung unter Helfern, daß eine psychische Störung die Folge falscher Erziehung oder gestörter Familienverhältnisse ist. Die nicht geringen Schuldgefühle von Angehörigen werden dadurch nicht gerade gemindert.

Angehörige von Krebspatienten kämpfen vielfach mit der Angst vor dem endgültigen Ende und der quälenden Unsicherheit, ob es tödliche Metastasen geben wird.

Personen, die einen Menschen pflegen, der an Demenz leidet, sind oftmals Gefangene in ihrem eigenen Haus, da sie diesen Angehörigen keinen Augenblick alleine lassen können. Hinzu kommt meistens noch, daß sie im Haus selbst kaum Intimsphäre oder auch nur eine ruhige Minute haben, da der demente Angehörige ihnen wie ein Schatten überallhin folgt.

Wodurch wird die Pflege erschwert?

Knipscheer (1986) führte eine Studie über die physische und psychische Belastung pflegender Angehöriger durch.

Physische Belastung
- Körperliche Überlastung
- Bedrohung der eigenen Gesundheit
- Mangelnde Nachtruhe

- Mangelnde Unterstützung durch das Umfeld
- Zu wenig Zeit für die Versorgung der eigenen Person

Psychische Belastung
- Gefühle der Schuld, Angst, Aggression und Scham gegenüber sich selbst, dem Patienten und den übrigen Hausgenossen
- Mangelnde Privatsphäre
- Spannungen in der eigenen Familie
- Soziale Isolierung: ans Haus gebunden sein

Die Art und das Ausmaß der Belastung, die pflegende Angehörige erfahren, unterscheidet sich von Person zu Person. Forscher sind bereits seit Jahren bestrebt, diejenigen Faktoren zu bestimmen, die für Streß verantwortlich sind. Es scheint eine sehr schwierige Angelegenheit zu sein. Ein großes Problem besteht darin, daß die verschiedenen Faktoren sich auf sehr komplizierte Weise gegenseitig beeinflussen. Es gibt dabei nichts, das nicht auf die eine oder andere Weise mit etwas anderem eng zusammenhängt. Die Charaktere der Betreuerinnen und Angehörigen haben z. B. einen großen Einfluß auf die frühere und heutige Beziehung. Die Umkehrung gilt auch: die frühere Beziehung, z. B. zwischen einer Mutter und einem pflegenden Kind, hat auch die Persönlichkeitsentwicklung der Tochter beeinflußt.

Um festzustellen, wodurch die Pflege erschwert wird, werden in der Literatur (z. B. Biegel u. a., 1991) oft zwei Arten von Variablen unterschieden: objektive Stressoren und sogenannte kontextuelle Variablen. Die *objektiven Stressoren* beziehen sich auf den hilfsbedürftigen Angehörigen, die *kontextuellen Variablen* verweisen auf die Betreuerin und das Umfeld bzw. den Kontext, in dem sie die Pflege leistet.

Objektive Stressoren

Die Schwere der Krankheit
Darunter fällt folgendes: Stadium der Krankheit, Prognose, Anforderungen an die Pflege, Komplexität der Pflegeaufgabe, erwartete Dauer und die Nähe der Pflegenden. Untersuchungen, die bei einer

großen Zahl von Betreuerinnen durchgeführt wurden, zeigen, daß die Schwere der Krankheit eine Vorhersage darüber erlaubt, wie anstrengend die Pflege werden wird. Im allgemeinen gilt: je schwerer die Krankheit, desto größer die Belastung.

Die Behandelbarkeit der Krankheit
Je besser sich eine Krankheit behandeln läßt, um so geringer ist die Belastung für die Familie. Eine chronische Krankheit wie Zuckerkrankheit (oder Diabetes mellitus) kann heutzutage so gut unter Kontrolle gehalten werden, daß andere kaum Folgen zu ertragen haben. Bei unheilbaren Krankheiten wie der Chorea Huntington oder AIDS ist dies völlig anders.

Das Ausmaß, in dem die Krankheit die Person verändert
Eine Erkrankung, welche die geistigen Fähigkeiten beeinträchtigt, die Persönlichkeit verändert oder die Lebenseinstellung negativ beeinflußt, ist belastender als eine Krankheit, die Verstand und Geist intakt läßt. Daher sind Senile Demenz, Hirntumor und Depression schlimmer als ernstes Rheuma, Asthma oder ein Herzleiden.

Plötzlicher oder allmählicher Beginn
Bei Krankheiten, die plötzlich auftreten (Schlaganfall oder Herzinfarkt), ist die Belastung während der akuten Phase am größten.

Krankheiten mit einem plötzlichen Beginn machen es erforderlich, daß sich das nächste soziale Umfeld innerhalb kurzer Zeit auf eine Vielzahl einschneidender Veränderungen einstellt. Bei Krankheiten mit einem allmählichen Verlauf ist dagegen Zeit, das Leben neu einzurichten; oftmals ist dabei jedoch die lange Anfangsphase der Krankheit sehr schwierig, weil häufig die Diagnose – aus vielerlei Gründen – nicht sofort gestellt wird. Der Patient und das Umfeld werden während dieser Zeit von Unsicherheit gequält.

Die Häufigkeit der Krankheit
Eine seltene Krankheit wird vielfach erst später erkannt, die Familie wird mehr Mühe haben, Leidensgenossen zu finden, und das Umfeld wird öfter mit Unverständnis reagieren.

Grad des Fortschreitens der Krankheit
Eine progressiv verlaufende Krankheit fordert von den pflegenden Angehörigen, daß sie immer mehr tun und sich stets aufs neue anpassen. Der Verlauf der Krankheit sorgt außerdem dafür, daß sie andauernd unter Druck stehen: sobald der eine Schicksalsschlag verarbeitet wurde, wird man vom nächsten ereilt. Berüchtigte Beispiele dafür sind AIDS, Alzheimersche Krankheit und Chorea Huntington.

Kontextuelle Variablen

Demographische Variablen

Geschlecht
Es zeigt sich, daß Männer durchschnittlich weniger Streß erfahren. (Jedoch ist nicht hundertprozentig sicher, daß der Unterschied im Streßniveau zwischen Betreuern und Betreuerinnen ausschließlich durch die Pflege verursacht wird. Möglicherweise haben Männer bereits ein niedrigeres Streßniveau, bevor sie mit der Pflege anfangen.)

Art der Beziehung mit dem Patienten
Ganz allgemein gilt, daß pflegende Partner und Eltern den meisten Streß erfahren. Dann folgen pflegende Kinder, die wiederum mehr Schwierigkeiten als Freunde oder Nachbarn haben.

Gesundheit der Betreuerin
Eine Betreuerin in den besten Jahren und in einer blendenden körperlichen Verfassung hat einige Vorteile im Vergleich zu einer älteren, pflegenden Betreuerin, die selbst bereits mit körperlichen Beschwerden kämpft.

Sozioökonomischer Status
Menschen von höherem sozioökonomischem Stand sind weniger bereit, einen geliebten Nächsten zu pflegen, und erfahren, was wohl damit zusammenhängt, auch mehr Streß. Möglicherweise sind sie mehr an eine gewisse Freiheit gewöhnt, und es

fällt ihnen schwerer, mit einer Krankheit zu leben, über die sie keine Kontrolle haben.

Wohnsituation
Pflegende Angehörige, die mit dem Hilfsbedürftigen einen Haushalt teilen, erfahren (viel) mehr Streß als getrennt wohnende.

Hinzukommende andere streßreiche Lebensereignisse
Personen, die während der Pflegephase mit anderen kritischen Lebensereignissen konfrontiert werden, wie dem Tod einer (anderen) geliebten Person, werden eher unter der Gesamtlast zusammenbrechen.

Qualität der Beziehung mit dem Hilfsbedürftigen, früher und heute (= Frage nach interaktivem Verhalten)
Eine schlechte Beziehung vor Ausbruch der Krankheit stellt eine schwere Hypothek für das Pflegeverhältnis dar. Auch wenn der hilfsbedürftige Angehörige sich nicht erkenntlich zeigt, z. B. nie dankbar oder zufrieden ist, ist es für die Betreuerin schwerer durchzuhalten.

Intakte Familienverhältnisse
Betreuerinnen aus Familien, in denen vor der Krise oder Krankheit die Verhältnisse intakt waren und in der die Kommunikation gut war, sind der Pflege eher gewachsen als Betreuerinnen aus Familien mit rigiden Umgangsformen.

Die Rolle des Kranken in der Familie
Für viele Eltern ist eine progressive Krankheit eines eigenen Kindes schwieriger zu verarbeiten als eine ähnliche Krankheit beim Partner.

Der Lebensabschnitt des Kranken
Eine chronische Krankheit bei einem Erwachsenen mit Kindern unter zwölf Jahren ist für die Familienmitglieder häufig belastender als dieselbe Krankheit zu einer Zeit, in der die Kinder schon fast oder ganz aus dem Haus sind.

Soziale Unterstützung
Es gibt vier Formen sozialer Unterstützung: praktische Unterstützung, emotionale Unterstützung, Anerkennung und Respekt sowie Unterstützung, indem gezeigt wird, daß die Betreuerin dazu gehört. Bisher gibt es wenig Beweise dafür, daß praktische Hilfe seitens Angehöriger wirklich entlastend wirkt. Leider kann das gleiche oft auch von der Hilfe seitens professioneller Helfer gesagt werden. Viel wichtiger ist die emotionale Unterstützung und die Anerkennung, welche die Betreuerin von ihrem Umfeld erhält. Helfende Angehörige und professionelle Helfer mischen sich – so zeigt es sich oft – in die Art und die Form der Pflege ein. Etwas, das die Betreuerin gar nicht begrüßt.

„Coping Style"
Die Art und Weise mit Streß umzugehen, bestimmt zu einem Großteil das Ausmaß der empfundenen Belastung. Pflegende Angehörige mit einem praktischen, problemlösenden „Coping Style" (Hilfe und Information suchen, Unterstützung organisieren) haben es vielfach leichter als pflegende Angehörige, die auf eine mehr psychische Art (Probleme ignorieren, klagen, sich und anderen Vorwürfe machen) mit ihrer Situation umgehen. Das Wichtigste ist jedoch, daß die Betreuerin die Pflege positiv sieht, daß sie diese z. B. eher als Herausforderung denn als Aufgabe betrachtet. Selbstverständlich muß der „Coping Style" auf die Art des Problems abgestimmt werden: Es ist besser, etwas, das unveränderbar ist, zu ignorieren als zu versuchen, es zu lösen.

Jeder Kranke ist anders, jeder pflegende Angehörige ist anders. Obenstehende Faktoren können deswegen in individuellen Situationen nicht addiert oder subtrahiert werden. So kann beispielsweise etwas, das belastend ist, positive Folgen haben. Eine Betreuerin, der es gelingt, ihre „lästige" Mutter zu pflegen, kann dadurch z. B. viel Selbstvertrauen bekommen. Kenntnis dieser o. a. Faktoren versetzt den Helfer allerdings in die Lage, eher zu erkennen, wo Hilfe nötig ist. Sie befähigt ihn, rechtzeitiger eine (drohende) Überlastung zu erkennen und zu vermeiden.

Weshalb häufig (zu) spät Hilfe herbeigerufen wird

Viele pflegende Angehörige nehmen erst in einem sehr späten Stadium Hilfe in Anspruch, manchmal erst wenn es zu spät ist und die eigenen körperlichen oder geistigen Grenzen nahezu oder völlig überschritten wurden. Viele pflegende Angehörige sind nicht so leicht geneigt, sich zu beklagen, wohl auch aus Furcht, dem kranken Nächsten damit unrecht zu tun.

> „Ich kann froh sein, daß ich die Krankheit nicht habe und nicht wehrlos und von anderen abhängig bin. Ich mag es nicht einfach haben, aber wenn man meine Probleme mit den Problemen desjenigen, den ich pflege, vergleicht, so sind sie ganz unbedeutend."

Der Wunsch, alles alleine zu organisieren, ist ein weiterer Grund dafür, daß manchmal zu spät Alarm geschlagen wird. Hilfe von außen bedeutet, daß Fremde ins Haus kommen und man von anderen abhängig wird. Es kann ebenfalls sein, daß man überzeugt ist, daß der Angehörige nur von einer (einzigen) Person gepflegt werden möchte. Oder aber es wird in aller Stille gepflegt, weil die betreffende pflegende Angehörige nicht weiß, wo Hilfe zu bekommen ist. Eine Aufnahme in eine stationäre Einrichtung kommt für die meisten Hauptpflegepersonen überhaupt nicht in Frage. Lediglich 14 % der Hauptpflegepersonen von Pflegebedürftigen und 15 % von Hilfsbedürftigen hält einen Wechsel in ein Heim für eher oder sehr wahrscheinlich (Schneekloth und Potthoff, 1993).

Helfer kommen meistens nicht aus eigenem Antrieb zu betreuenden Angehörigen, weil sie davon ausgehen, daß der Patient oder die Familie den ersten Schritt machen soll. Darüber hinaus sind nicht alle Patienten bei Helfern im ambulanten Sozialdienst, mit Ausnahme des Hausarztes, bekannt; die pflegenden Angehörigen folglich genausowenig.

Pflegende Angehörige, die sich – sei es aus eigenem Antrieb, sei es auf Drängen anderer hin – doch an professionelle Helfer wenden, wenden sich häufig nach einem Kontakt bereits wieder von ihnen ab: sie sind stark enttäuscht, nicht die Hilfe zu erhalten, die sie suchten.

4. Verkennung und Unverständnis: Zehn Rechte

Pflegende Angehörige geben fast ausnahmslos an, daß es für ihre Bedürfnisse und Probleme unzureichende Aufmerksamkeit und zu wenig Verständnis gibt. Eine Klage, die berufstätige Betreuer oft vorbringen, ist z. B., daß ihnen an ihrem Arbeitsplatz wenig Verständnis von ihrem Chef und ihren Kollegen entgegengebracht wird. Viele werden wegen ihrer pflegerischen Verantwortung sogar in ihrer Laufbahn blockiert.

Auch Politiker, Helfer und nicht-pflegende Angehörige tragen der großen anonymen Gruppe, die andere pflegt, nicht oder kaum Rechnung. Um daran etwas zu ändern, haben die wichtigsten ehrenamtlichen Organisationen Englands zehn Rechte pflegender Angehöriger formuliert:

Rechte der pflegenden Angehörigen

1. Anerkennung sowohl ihrer Arbeit und Bemühungen als auch ihrer eigenen Bedürfnisse als Individuen.
2. Einrichtungen schaffen, die auf individuelle Gegebenheiten, Bedürfnisse und Ansichten abgestimmt sind; Rücksprache zwischen Helfer und Betreuer zu dem Zeitpunkt, wenn Hilfe nötig ist.
3. Einrichtungen schaffen – gleichermaßen zugänglich für Betreuer jeder Rasse und ethnischer Herkunft –, welche das Wissen über die Unterschiede in den einzelnen Rassen, Kulturen, Werten und religiösen Hintergründen widerspiegeln.
4. Gelegenheiten/Möglichkeiten zum Ausspannen, sowohl für kurze Zeit (einen Nachmittag) als auch für längere (eine

Woche oder mehr), um zu verschnaufen, zu entspannen und zu sich selbst zu finden.

5. Praktische Hilfe zur Erleichterung des Pflegedienstes, wie Hilfe im Haushalt, Wohnungsanpassungen, Hilfsmittel bei Inkontinenz und Transportmöglichkeiten.
6. Eine Person, mit der über die eigenen Bedürfnisse gesprochen werden kann, sowohl vor als auch nach Beendigung des Pflegedienstes.
7. Informationen über verfügbare Hilfe und Einrichtungen sowie über Möglichkeiten, mit der besonderen Situation der gepflegten Person umzugehen.
8. Ein Einkommen, das die Pflegekosten deckt und die Betreuer nicht hindert, zu arbeiten sowie den Pflegedienst mit anderen zu teilen.
9. Möglichkeiten, um Alternativen zur informellen Pflege zu sondieren, sowohl kurzzeitige als auch auf lange Sicht.
10. Einrichtungen, die im indirekten Dialog mit Betreuern ins Leben gerufen wurden, sollen auf allen politischen und gesellschaftlichen Ebenen wirksam werden.

Quelle: N. Kohner und P. Mares, *Who Cares Now?*, B.B.C. Education, London, 1991.

Teil 2:
Wie Experten pflegenden Angehörigen helfen können

5. Einleitung

In Teil 1 habe ich versucht zu verdeutlichen, daß Helfer nicht nur dem Patienten, sondern auch seinem sozialen Umfeld Aufmerksamkeit schenken sollten. Denn unter einer zu großen oder zu langanhaltenden Belastung kann die Betreuerin zusammenbrechen, mit der Folge, daß die ganze Pflege eine professionelle Angelegenheit wird und daß dann möglicherweise nicht mehr nur eine Person gepflegt werden muß, sondern zwei. Es ist z. B. keine Seltenheit, daß ein Herzinfarkt des Pflegenden vielen Jahren der Pflege abrupt ein Ende setzt. Das ist nicht nur vom finanziellen Aspekt her, sondern vor allem auch aus menschlicher Sicht nicht wünschenswert.

Ein weiterer Grund, weshalb Helfer Pflegenden genügende Aufmerksamkeit schenken sollten, besteht darin, daß das Wohlbefinden hilfsbedürftiger Angehöriger in hohem Maße von der körperlichen und geistigen Verfassung des Pflegenden abhängt. Falls eine Überlastung vorliegt, wird die Pflege an Qualität einbüßen. Es entstehen beispielsweise eher Verunsicherungen, die dann auf den Kranken abgewälzt werden. Noch wichtiger ist, daß ein überlasteter Betreuer nicht die emotionale Unterstützung (Zuneigung, Liebe, Geselligkeit, Trost) bieten kann, wonach der Hilfsbedürftige ein so großes Bedürfnis hat.

In diesem Teil wird besprochen, auf welche Weise Helfer Betreuerinnen bei ihrer Aufgabe helfen können, indem sie praktische Hilfe anbieten und Wissen und Fertigkeiten vermitteln (s. Schema 2).

Schema 2. Wie Helfer Betreuerinnen helfen können

- Hilfe beim Entschluß zur Pflege
- Erkennen einer (drohenden) Überlastung
- Emotionale Unterstützung
  - Ansprechpartner sein
  - Hilfe bei Krankheitsbewältigung
  - Erreichbarkeit und Verfügbarkeit
  - Anerkennung zeigen
- Praktische Unterstützung
- Edukative Unterstützung
  - Informationen über die Krankheit und ihre Folgen
  - Hilfe beim Erlernen von Fertigkeiten für die Pflege
  - Informieren über das Gesundheitswesen
  - Unterstützung beim Umgang mit Spannungen in der Familie
  - Hilfe bei der Aufrechterhaltung einer guten Beziehung mit dem zu pflegenden Angehörigen
  - Vernünftige Forderungen an sich selbst stellen
  - Hilfe beim Erlernen assertiver Verhaltensweisen
  - Den Betreuenden lehren, auch für sich selbst zu sorgen
  - Hilfe beim Problemlösen

6. Hilfe beim Entschluß zur Pflege

Viele Menschen wurden zu Betreuern von Angehörigen, ohne sich zu einem bestimmten Zeitpunkt bewußt dazu entschieden zu haben. Unauffällig und allmählich schleicht sich die Pflege eines anderen Menschen in das Leben ein, es geht derart schleichend, daß kaum von einer bewußten Wahl gesprochen werden kann. Für Kinder selbständig wohnender Eltern fängt es häufig mit Sorge oder Besorgtheit an: öfter als früher vorbeischauen, um moralischen Beistand zu leisten, wenn bemerkt wird, daß Vater oder Mutter sich ein wenig unsicher fühlen oder beginnen, sich unselbständig zu verhalten. Nach einiger Zeit reicht es nicht mehr, emotionale Unterstützung zu bieten, Ratschläge zu geben und nach dem Rechten zu sehen.

Bisweilen überkommt einen die Verantwortung sehr plötzlich, so daß man dadurch schlichtweg überrumpelt wird: ein naher Angehöriger erleidet einen Herzinfarkt oder wird aus dem Krankenhaus zu einem Zeitpunkt entlassen, an dem er sich noch nicht selbständig versorgen kann. Nicht selten fühlen sich Kinder durch den Tod eines Elternteils, der bisher den anderen pflegte, überfallen.

Daneben ist es so, daß viele Helfer davon ausgehen, daß die nächste Familie die Pflicht hat, einen hilfsbedürftigen Angehörigen zu pflegen.

Ist es jedoch immer selbstverständlich und vernünftig, daß ein Angehöriger die Pflege auf sich nimmt, wenn jemand aus ihrer Mitte hilfsbedürftig wird? Hat der Patient davon stets den größten Nutzen? Es scheint vernünftig, daß Helfer sich eher und öfter, als es jetzt der Fall ist, gemeinsam mit der Familie eines Hilfsbedürftigen mit dieser Entscheidung befassen, die so viele Konsequenzen für die Zukunft dieser Familie hat. Es ist nicht im Interesse der Familie, nicht im Interesse des Patienten und genausowenig im Interesse der Gesellschaft, daß mehr von jemandem verlangt wird, als dieser zu leisten vermag. Früher oder später wird dann allen drei Parteien die Rechnung präsentiert.

Kurzum: Helfer werden, falls möglich, regelmäßig mit der Familie den getroffenen Entschluß zur Pflege überdenken müssen. Eine Entscheidung, die bewußt getroffen wird, kann viel Energie freisetzen. Betreuerinnen, die die freie Wahl hatten, sind vielfach besser in der Lage, ihre Aufgabe zu erfüllen, als Menschen, die diese Entscheidungsfreiheit nicht hatten. Sie sind der Pflege besser und länger gewachsen und erfahren mehr Befriedigung.

Sowohl vor der ersten Entscheidung als auch bei einer späteren, erneuten Überlegung geht es jeweils um drei Fragen:

1. *Ist der Angehörige der Pflege (noch) gewachsen?* Bei der Beantwortung dieser Frage kann man als Helfer Dinge prüfen wie: Gesundheit, Ausdauer, Geduld, verfügbare Zeit, anderweitige Verpflichtungen (z. B. Familie oder Arbeit), Begabung oder Veranlagung zur Pflege, Unterstützung oder Hilfe von anderen, Persönlichkeit oder Verhalten des hilfsbedürftigen Angehörigen, finanzielle Möglichkeiten oder Einschränkungen, Akzeptanz des Verfalls und der Unterbringung.
2. *Möchte der Angehörige wirklich (noch) pflegen?* Dabei ist an Dinge zu denken wie: Freude oder Befriedigung, die durch das Pflegen empfunden werden, Loyalität dem Angehörigen gegenüber, Verfügbarkeit besserer Alternativen (z. B. ein Pflegeheim), erfahrene Dankbarkeit von Angehörigen oder anderen, Verantwortungsgefühl, andere Bestrebungen (z. B. eine Ausbildung, eine Heirat).
3. *Weiß der Angehörige genügend?* Ist er ausreichend über die Krankheit oder das Leiden informiert, hat er ausreichendes Wissen, wie er mit Problemverhalten oder schwierigen Pflegesituationen umgehen kann? Falls die Antwort auf eine dieser Fragen eher negativ ausfällt, heißt das noch lange nicht, daß ein Angehöriger/eine Familie nicht mit dem Pflegen beginnen sollte. Er/Sie sollte sich jedoch bewußt sein, daß es Schwierigkeiten geben wird.

Helfer sollten ebenfalls untersuchen, inwieweit der Entschluß durch moralischen Druck oder das Urteil anderer beeinflußt wird oder wurde. Falls dieser Faktor eine wichtige Rolle spielt – was fast immer der Fall ist –, sind ein paar relativierende Bemerkungen angebracht. Der Helfer kann dem anderen vorhalten, daß Dritte längst nicht immer wissen, wie die Beziehung mit dem hilfsbedürftigen Angehörigen vor der Krankheit war und daß Außenstehende genausowenig immer wissen, ob jemand überhaupt genügend Geduld und Ausdauer hat, um die Pflege durchzuhalten.

Eine realistische Einschätzung der eigenen Möglichkeiten und Grenzen ist immer nötig, wenn jemand eine schwere Aufgabe auf sich nimmt. In vielen Pflegesituationen weiß man vorher nicht, wie lange diese dauern wird. Deshalb ist es vernünftig, mit dem pflegenden Angehörigen darüber zu sprechen, wie lange dieser (noch) Verpflichtungen auf sich nehmen möchte. Wenn dieser Zeitraum verstrichen ist, kann der Betroffene selbstverständlich beschließen, ihn zu verlängern. Dabei sollte er sich realisieren, daß vorläufige Verpflichtungen später häufig sehr schwer rückgängig gemacht werden können.

Neben dem zeitlichen Gesichtspunkt ist es genauso empfehlenswert, mit der pflegenden Angehörigen und anderen wichtigen Betroffenen aus ihrem Umfeld zu besprechen, wieviel Pflege jeder leisten möchte. Mit anderen Worten sollte Klarheit über die Frage geschaffen werden, was man zu tun bereit ist. Dabei besteht eine Bandbreite von regelmäßig nach dem Rechten sehen bis zur 24-Stunden-Pflege, wobei der Betreute dann im Haus wohnt.

7. Erkennen einer (drohenden) Überlastung

Wenn eine Angehörige jemanden lange Zeit pflegt, kann ein Zeitpunkt kommen, an dem sie mit ernsten Schwierigkeiten konfrontiert wird und zweifelt, ob sie die Pflege fortsetzen soll. Das kann z. B. daher kommen, daß die betreute Person sich schwierig oder aufsässig verhält oder sich durch ihre Krankheit grundlegend verändert hat.

> „Mein Vater ist sehr mißtrauisch geworden. Alles, was ich für ihn tue, nimmt er als selbstverständlich hin. Manchmal wird er auch sehr aggressiv, sogar so sehr, daß ich Angst vor ihm habe. In solchen Augenblicken glaube ich hin und wieder, daß er mir nach dem Leben trachtet. Ich pflege ihn, aber es wird immer schwieriger für mich, etwas für ihn zu empfinden."

oder

> „Sie näßt ein, spielt mit den Puppen unserer Enkelkinder, nachts weckt sie mich andauernd, sie erkennt mich nicht mehr... Diese Aufzählung kann ich noch eine Weile fortsetzen. Ich weiß auch, daß sie das nicht mit Absicht macht, sondern daß es durch die Krankheit verursacht wird. Sie ist jedoch nicht mehr die Frau, mit der ich vierzig Jahre glücklich verheiratet war."

Die Pflege kann ebenso erschwert werden, wenn entdeckt wird, daß mit der Pflege nicht das erreicht wird, was man sich eigentlich zum Ziel gesetzt hatte.

> „Mein Bruder ist bei meiner Mutter immer die Nummer Eins gewesen. Ich hatte gehofft, daß sich das jetzt ändern würde. Das ist nicht passiert. Mein Bruder läßt nur ab und zu etwas von sich hören, dennoch spricht meine Mutter hauptsächlich von ihm."

Es kommt auch vor, daß man sich selbst verändert, ohne zu wissen, wie das vor sich geht.

„Ich erkenne mich selbst nicht mehr. Ich reagiere oft sehr schnippisch und kurz angebunden. Manchmal bin ich so zornig, daß ich mich nicht beherrschen kann, dann schreie ich sie an. Ich bin nicht mehr lieb zu ihr. Das verdient sie nicht."

Ein anderer Grund für Probleme bei der Pflege von Angehörigen ist die Erkenntnis, daß man sich plötzlich isoliert.

„Ich komme nirgendwo mehr hin. Mein Mann will nirgends hin. Ich kann ihn nicht allein lassen, also sind wir auf Freunde und Bekannte angewiesen, die uns besuchen. Das werden ständig weniger, denn auch für sie ist es nicht angenehm, daß wir sie nie besuchen."

Am schwierigsten ist wohl die Feststellung, daß man von anderen sehr wenig moralische Unterstützung bekommt. Ohne Anerkennung und Würdigung von seiten des Umfeldes wird die Last untragbar groß.

Viele Menschen sind nicht imstande auszusprechen, daß die Pflege zu belastend geworden ist. Sie wollen im Alleingang beenden, wozu sie einmal ja gesagt haben und klagen deshalb nicht. Sie bemerken nicht, daß die Pflege ihre Kräfte überstrapaziert oder wissen nicht, wie ernsthaft ihre Gesundheit durch die pflegerischen Aufgaben bedroht wird. Eine wichtige Aufgabe von Helfern ist es deswegen, eine (drohende) Überlastung beim pflegenden Angehörigen zu erkennen.

Der Körper oder die Psyche fängt an, (Warn-)Signale auszusenden, wenn die Betreuerin sich zuviel abverlangt. Diese Alarmzeichen können sich körperlich, psychisch oder im Verhalten äußern.

Körperlich
Herzjagen, Schweißausbrüche, wachsende Müdigkeit, Kopf- und Bauchschmerzen, Darmbeschwerden, abnehmende Eßlust oder gerade Freßlust, Hautbeschwerden, Hyperventilation, Muskel-

krämpfe, Nacken-, Schulter- oder Rückenschmerzen, leichter Schwindel, erhöhter Blutdruck, häufige Erkältung.

Psychisch
Scham- und Schuldgefühle, (unbestimmte) Angstgefühle, Konzentrationsschwäche, Vergeßlichkeit, Lustlosigkeit, Depressivität, Schlafstörungen, sehr schnell gereizt reagieren, Grübeln, Unzufriedenheit.

Verhalten
Ruhelosigkeit, wirres Verhalten, (z. B. andauernd das Thema wechseln), Intoleranz bis offene Aggression, Veränderungen in der Kleidung und der Körperpflege, mehr rauchen und trinken, Einnahme von Beruhigungsmitteln oder Stimulanzien, regelmäßige kleine Unglücke und Fehler, häufiges Beschweren, panisches Verhalten.

Viele Menschen, die unter Pflege-Streß stehen, zeigen auf allen drei Gebieten Signale. Jeder Mensch hat irgendeinen körperlichen Schwachpunkt. In Zeiten der Überforderung und -lastung werden sich hier Beschwerden einstellen. Beim einen ist das die Haut, beim anderen der Rücken, beim dritten die Därme (Obstipation oder andere Probleme mit dem Stuhlgang) usw. Jeder Mensch hat eine „bevorzugte" Art und Weise, um psychisch oder qua Verhalten auf Probleme zu reagieren. Der eine wird still und zieht sich zurück, der andere sehr hektisch und unruhig, der dritte wird aus dem geringfügigsten Anlaß zornig usw.

Streß verändert einen Menschen. Beim einen fällt es sehr auf, daß er nicht mehr der alte ist, bei anderen zeigt sich die Veränderung in kleinen Dingen. Wie dem auch sei, Helfer sollten auf Signale von drohender Überlastung achten und pflegende Angehörige genau beobachten; die Gretchenfrage ist daher stets: *Ist der Hauptbetreuer noch die gleiche Person wie zuvor?*

Falls die genannten Signale übergangen werden, besteht die Gefahr, daß die Betreuerin körperlich und psychisch ausbrennt. Sie gerät in einen Teufelskreis: Dadurch, daß sie unzureichend Gelegenheit hat, sich zu entspannen, muß sie immer häufiger ihre psychischen und körperlichen Reserven beanspruchen. Es gibt keine längeren Ruhepausen, die für eine Erholung nötig wären; die letzten Reserven werden verbraucht. Das ist sehr schädlich für die Gesundheit, das Anpassungsvermögen des Menschen ist nicht unbegrenzt strapazierbar. Irgendwann wird aus Müdigkeit Übermüdung, aus Anspannung Überanstrengung, vorübergehend erhöhter Blutdruck wird chronisch.

Die Überlastung nur zu erkennen ist selbstverständlich nicht ausreichend. Es sollte auch gehandelt werden. Eine Möglichkeit besteht darin, der Betreuerin beizubringen, sich durch Lokkerungsübungen zu entspannen. In den meisten Buchhandlungen sind heutzutage Kassetten mit solchen Übungen erhältlich. Viele Entspannungsmethoden beruhen darauf, daß einerseits die Muskeln angespannt und entspannt werden und andererseits die Phantasie geweckt wird (z. B. seine Gedanken auf ein angenehmes, beruhigendes Ereignis richten). Betreuerinnen, die sich diese Entspannungsmethode zu eigen gemacht haben, sind ebenfalls besser in der Lage, eher zu erkennen, wann ihr Körper angespannt ist. Sie kennen ja besser den Unterschied zwischen entspannten und angespannten Muskeln.

Entspannungsübungen gehen nicht die Ursache der Probleme an, sondern nur die Symptome. In den nachfolgenden Kapiteln wird beschrieben, was der Helfer, der mit einer überlasteten, pflegenden Angehörigen konfrontiert wird, auf fundamentalere Weise tun kann.

8. Emotionale Unterstützung

Eine der wichtigsten Möglichkeiten, wie ein Helfer der Betreuerin helfen kann, ist die emotionale Unterstützung. Dabei unterscheide ich vier Formen. Der Helfer
- fungiert als Ansprechpartner
- hilft bei der Verarbeitung der Krankheit
- muß erreichbar und/oder verfügbar sein
- zeigt Anerkennung.

Ansprechpartner sein

> „Die Gemeindeschwester kommt einmal im Monat. Während wir eine Tasse Kaffee trinken, erkundigt sie sich, wie es meinem Mann und mir geht. Ich berichte ihr, was im vergangenen Monat geschehen ist. Ich kann mit ihr über alles sprechen. Ich benötige noch keine Hilfe, aber dennoch bedeuten mir diese Gespräche sehr viel. Ich spüre, daß sie mit mir mitlebt. Sie begreift meine Situation."

Nicht alle Betreuerinnen haben in ihrem unmittelbaren Umfeld Vertrauenspersonen, bei denen sie sich über ihre Sorgen und Probleme aussprechen können. Helfer, die bereit sind, als Ansprechpartner zu fungieren und bei denen man sein Herz ausschütten kann, können so die Unterstützung bieten, die diese Betreuerinnen dringend benötigen.

Vielen Angehörigen fällt es schwer, über ihre Gefühle zu sprechen. Sie gehen davon aus, daß sich niemand ihre Situation vorstellen kann, daß andere es sowieso nicht begreifen. Auch Scham kann sie hindern, offen zu reden: „Ich habe es selbst so gewollt, jetzt kann ich nicht anfangen zu klagen." Über bestimmte Gefühle, wie Zorn, Eifersucht, Schuld, Scham und Angst beispielsweise, wagt niemand zu sprechen oder will es einfach nicht, weil diese als inakzeptabel empfunden werden: „Wenn ich wirklich sagen würde, was in mir vorgeht, würden sie mich als eine sehr unangenehme Person ansehen, fürchte ich. Ich entdecke Seiten meiner Persönlichkeit, die ich am liebsten verborgen halten möchte, auch vor mir selbst.“

Eine Frage wie „Wie geht es Ihnen?“ wird deswegen vielfach zu einer nichtssagenden Antwort führen: „Oh, gut, ich kann nicht klagen.“ oder „Seinen gewohnten Gang.“ Anschließend versucht die Betreuerin, ein anderes Thema anzuschneiden. Ein erfahrener Helfer wird genau auf den Tonfall und die Überzeugung achten, in dem bzw. mit der die Betreuerin seine Frage beantwortet. Anstatt sich ablenken zu lassen, wird er in freundlichem, nicht-aufdringlichem Ton nachhaken: „Sie klingen matt.“ oder „Seinen gewohnten Gang?“

Um die Betreuerin dazu zu bringen, tabuisierte Gefühle zu äußern, wird er selbst den Weg ebnen müssen. Das kann er machen, indem er sich oder andere beispielhaft hinzuzieht: „Wenn ich in Ihrer Situation wäre, wäre ich ab und zu auf Menschen eifersüchtig, denen ein glücklicheres Los beschieden ist.“ oder „Von Menschen, die sich in der gleichen Situation befanden, weiß ich, daß sie manchmal auf alles und jeden wütend sind: auf ihren kranken Mann, auf die Kinder, die zu wenig machen, auf Helfer, die selten reagieren, wenn wirklich Hilfe benötigt wird, auf sich selbst, weil sie sich nicht beherrschen können. Wie ist das bei Ihnen?“

Hilfe bei Krankheitsbewältigung

„Es scheint verdammt noch mal, als ob es Deine Krankheit ist.“ Diesen Ausspruch seines 18jährigen Sohnes, der durch eine progressive und fatale Form des Knochenkrebs betroffen war, schrieb ein Pflegevater nieder (Parmentier, 1991).

Eine (chronische) Krankheit und die daraus resultierende Hilfsbedürftigkeit müssen nicht nur vom Patienten verarbeitet werden, auch diejenigen Personen, die ihm lieb und teuer sind, müssen lernen, die Gesundheitsverschlechterung zu bewältigen.

Wie pflegende Angehörige auf Krankheit reagieren, wird zu einem wichtigen Teil durch die Art und Weise sowie das Tempo, in dem sich die Krankheit entwickelt, bestimmt. Hilfsbedürftigkeit, die plötzlich in vollem Ausmaß eintritt, wie bei einem Schlaganfall, einem Herzinfarkt, einem Hüftbruch oder einem schweren Unfall, überfällt das Umfeld. Von einem Tag auf den anderen kann ein Angehöriger nicht mehr die Dinge tun, die vorher kein Problem für ihn waren. Das unmittelbare Umfeld reagiert häufig geschockt. Obwohl die Tatsachen im Grunde für sich sprechen, möchten die Angehörigen diese in der ersten Zeit noch nicht wahrhaben. Das Gefühl des Unglaubens überwiegt. Es ist von emotionaler Betäubung die Rede. Der empfundene Schmerz ist zu groß, zu überwältigend, um ihn schon jetzt ganz fühlen zu können. Das nahe Umfeld benötigt noch ein wenig Zeit, um sich auf die neue Situation einzustellen. Die Betäubung fungiert als eine Art Stoßdämpfer, um sich vor dem Überwältigt-Werden zu schützen. Es ist auch ein Überlebensmechanismus, um ruhig und vernünftig zu handeln in einer Zeit, in der viele notwendige Handlungen verlangt werden: Gespräche mit Ärzten führen, anderen Angehörigen beistehen, Bekannte informieren, Besuche im Krankenhaus oder den hilfsbedürftigen Angehörigen versorgen, Informationen über möglicherweise notwendige Anpassungen im Haus einholen usw.

Gleichzeitig besteht oft noch die Hoffnung, daß alles wieder in Ordnung kommt. Viele pflegende Angehörige widersetzen sich oft heftig und lang der Wahrheit oder hegen sehr lange die Hoffnung, daß alles wieder wie vorher wird. Bisweilen halten sie krampfhaft an falsch verstandenen Äußerungen und Versprechungen von Ärzten fest oder schöpfen Mut aus Beispielen von außergewöhnlichen Patienten mit demselben Leiden, die auf wunderbare Weise wieder gesund wurden. Andere warten auf ein Wunder in der medizinischen Wissenschaft, eine aufsehenerregende Entdeckung, ein neues Medikament. Wenn sich ihre Hoffnung als unbegründet erweist, folgt häufig Protest, der sich in Wut und Kummer äußert. Der Trauerprozeß hat dann erst richtig begonnen.

Etwas anders verläuft der Prozeß, wenn sich die Krankheit sehr langsam in das Leben einer Person einschleicht. Die ersten

Signale der Krankheit werden vielfach verharmlost. Die menschliche Psyche ist enorm erfinderisch:

„Es ist das Alter."

„Jeder macht mal Fehler."

„Es kommt dadurch, daß er manchmal mit seinen Gedanken nicht bei der Sache ist, er muß sich besser konzentrieren."

„Er wird ein wenig bequem."

„Er ist etwas durcheinander, weil ich kurze Zeit abwesend war."

„Er hatte vor kurzem eine Grippe."

Andere verleugnen es gegen besseres Wissen und machen damit manchmal sogar weiter, wenn ein Arzt die Diagnose stellt und ihnen diese unumwunden mitteilt. Wie Yvonne Klinkert, Mutter eines schizophrenen Sohnes, die in ihrem Buch *Als Zand door onze vingers* (1989) folgendes beschreibt:

> „Aber ich möchte nicht, ich kann einfach nicht daran glauben. Verzweifelt habe ich nach einem Strohhalm gesucht, an dem ich mich festhalten kann (...) Und ich brauche diesen Strohhalm. Er ist meine einzige Chance, diesem vollkommen inakzeptablen Gedanken, daß mein Sohn an einer schweren, geistigen Störung leiden soll, zu entkommen (...) Solange sie keinen Ausweg wissen, weigere ich mich, die Wörter ‚Patient' und ‚Krankheit' zu benutzen. Vorläufig bleibe ich bei einer Entgleisung vorübergehender Art, infolge von Experimenten, die auf eigene Faust durchgeführt wurden."

Wenn die Symptome bleiben oder sich der Zustand des Angehörigen immer mehr verschlechtert, kommt auch für diejenigen, die es am hartnäckigsten verleugnen, oder auch für die größten Optimisten der Augenblick, an dem sie den Tatsachen ins Auge sehen müssen. Dann sind manchmal viele Jahre seit der Diagnose der Krankheit verstrichen. Der Zeitpunkt, zu dem die Entdeckung gemacht wird, daß etwas Ernstes vorliegt, kann sogar innerhalb einer Familie variieren. Eine Tochter, die auf die Krankheit ihres Vaters zurückblickt, bestätigt dies:

> „Es ist ein ganz langsamer Prozeß gewesen, der geistige Abbau bei meinem Vater. Jetzt führst Du es Dir selbst wie einen Film vor und siehst eine ganze Menge Dinge wieder. Du erkennst die Dinge

als Symptom, während Du sie damals übersehen hast. Mein Vater war im Beruf erfolgreich. Er wurde vor acht Jahren pensioniert. Ich selbst habe so vor fünf, sechs Jahren die ersten Symptome gesehen. Meine Mutter hat es erst im letzten Jahr festgestellt. Eigentlich hat sie es nie richtig bemerkt."

Eine betagte Betreuerin wurde völlig vom Tod ihres Mannes, der an einer ernsten Form von Lungenemphysem litt, überrascht. „Ich verstehe das nicht, es ging ihm doch so gut." Am Tag zuvor war sie noch mit ihm in der Klinik gewesen, weil er fast keine Luft mehr bekam.

Vor allem Menschen, die unmittelbar von der Krankheit betroffen sind, können für die sich vollziehende Veränderung blind sein. Sie zögern die Entdeckung unbewußt hinaus, indem sie immer mehr Aufgaben des anderen übernehmen. Eine Partnerin eines dementen Mannes: „Du gewöhnst Dich an Dinge, an die Du Dich normalerweise nie gewöhnst. Du empfindest das, was abnorm ist, als normal."

Unsicherheit in bezug auf die eigene Gesundheit oder die des Angehörigen ist eine der schwersten Lasten, die den Menschen drücken kann. Viele pflegende Angehörige geben an, daß der Zeitraum zwischen dem Zeitpunkt, an dem sie unruhig werden, und dem Zeitpunkt der definitiven Diagnose schwieriger war als die Zeit nach der schlechten Nachricht. Eine Mutter:

„Nach der Keuchhustenimpfung bekam meine Tochter hohes Fieber und wurde von Konvulsionen ergriffen. Ihr Gehirn wurde geschädigt, und dadurch wurde sie halbseitig gelähmt. Später hörte ich, daß bei einem von zigtausend Kindern hohes Fieber auftritt, mit all seinen Folgen. Das wußte ich nicht. Die Hausärzte und Spezialisten, denen ich damals begegnete, ebenfalls nicht. Zwei Jahre lang hörte ich von ihnen stets: ‚Wir wissen noch nicht genug darüber.' Eine furchtbare Zeit war das. Ich bin durch die Unsicherheit um Jahre gealtert. Ich würde heute gerne eine Selbsthilfegruppe oder einen Verein für Eltern gründen, die jetzt dasselbe durchmachen wie ich damals. ‚Solange die Krankheit nicht diagnostiziert ist, können wir nichts für Sie tun', wurde mir ständig gesagt. Für Außenstehende mag das komisch klingen, aber als ich hörte, was genau meiner Tochter fehlte, war ich sehr froh. Endlich hatte ich Halt."

Im allgemeinen gilt, daß die Risiken für eine schwierige Verarbeitung am größten sind bei Betreuerinnen, die ein mangelndes Selbstvertrauen haben und den Angehörigen benötigen, um diesen Mangel auszugleichen. Ein gewisses Maß an Selbstwertgefühl oder Stolz ist nötig, um nicht völlig vom anderen abhängig zu sein. Auch Betreuerinnen, die Mühe haben, Emotionen zu äußern, oder die in sozialer Isolation leben, haben es häufig schwerer. Das gleiche gilt für Betreuerinnen mit unverarbeiteten psychischen Problemen, wie z. B. eine Depression oder eine frühere Verlusterfahrung. Neue Probleme kommen zu den alten hinzu.

Schließlich ist das Risiko für eine problematische Verarbeitung größer, wenn ein Kind krank oder hilfsbedürftig wird, insbesondere wenn der Sohn oder die Tochter das einzige Kind ist. Ein Kind wird als etwas Eigenes erfahren, dadurch schmerzt es zumeist noch mehr als die Krankheit eines Partners.

Außenstehende, die zum erstenmal mit einer ernsthaft kranken oder behinderten Person konfrontiert werden, sind oft darüber erstaunt, wie sie den engsten Familienkreis antreffen. Sie erwarten niedergeschlagene und ernsthafte Gesichter, aber finden eine „normale“ Situation vor. „Sie haben es doch schwer, warum sind sie dann nicht bedrückt?“, fragen sie sich. Meistens wissen die Laien jedoch nicht, daß die schmerzlichen Gefühle vielfach in periodischen Abständen auftreten. Ein bestimmtes Wort, ein Gedanke, ein Duft oder eine Erinnerung kann den Kummer und den Schmerz, die durchaus vorhanden sind, wieder aufwallen lassen.

Sogar für einen erfahrenen Helfer ist es keine leichte Aufgabe, bei der Trauerarbeit zu helfen. Seelischen Beistand leisten heißt, den anderen dazu zu bringen, sich mit Gefühlen auseinanderzusetzen, denen er am liebsten ausweichen würde, wie z. B. Machtlosigkeit, Kummer, Zorn, Scham und Schuld. Genau wie der Chirurg weiß, daß die Amputation eines Körperteils in einigen Fällen die einzige Möglichkeit der Heilung darstellt, so ist dem sachkundigen Helfer bewußt, daß nur die Konfrontation mit dem psychischen Schmerz der Betreuerin helfen kann. Er weiß, daß die Betreuerin ihren tiefen Schmerz immer wieder erleben muß, und dieser dadurch jedesmal ein wenig mehr gelindert wird. Das Wissen um die Tatsache, daß nach jeder neuen Konfrontation die Erschütterung abnimmt, befähigt den Helfer das zu tun, was er am liebsten unterlassen würde (s. Schema 3).

Ein Helfer sollte schmerzhaften Themen also nicht ausweichen. Ein Beispiel: Eine Gemeindeschwester kommt zu einem Ehepaar, bei dem der Mann einen Schlaganfall hatte, und schneidet genau das Thema an, von dem sie vermutet, daß es viele Emotionen weckt: „Wie ist das für Sie, daß Ihr Mann infolge seines Schlaganfalls kaum mehr sprechen kann? Mit Ihrem Mann zu reden war immer so wichtig für Sie."

Trauern gehört zum Leben. Die Verarbeitung der Gesundheitsverschlechterung einer geliebten Person ist deswegen auch keine Krankheit. Es sollte sich innerhalb des eigenen Familien- oder Bekanntenkreises abspielen.

Es ist zumeist nicht erforderlich, daß ein Helfer selbst beim Trauerprozeß helfen muß, er wird zuerst prüfen, ob die Betreuerin in ihrem unmittelbaren Umfeld eine Vertrauensperson hat, der sie ihr Herz ausschütten kann. Oder er wird versuchen, die Betreuerin in Kontakt zu anderen Leidensgenossen zu bringen. In vielen Städten werden heutzutage Kurse, Gesprächs- oder Selbsthilfegruppen durch pflegende Angehörige organisiert. Auch in vielen Selbsthilfegruppen wird in zunehmendem Maße Platz für die Rolle der Betreuerin geschaffen. Falls diese eine Vertrauensperson besitzt oder es in der Gegend Gruppen oder Vereine gibt, in denen sie ihre Geschichte erzählen kann, wird sie der Helfer dazu anregen, dort ihre Gefühle zu besprechen. Lediglich wenn die Betreuerin keine Vertrauensperson hat, es keine Alternativen in der Region gibt, die Hindernisse dafür zu groß sind oder die Gespräche auf andere Weise nicht in Gang kommen oder festgefahren sind, wird es der Helfer selbst auf sich nehmen, seelischen Beistand zu leisten.

Themen, die er dabei ansprechen wird, sind u. a.: Zorn, Angst, Kummer, Schuld und Scham.

Zorn

Jede Betreuerin ertappt sich regelmäßig bei Gefühlen der Aggression (Brody, 1990). Es ist nur menschlich, daß die Hauptbetreuerin in manchen Augenblicken zornig über das harte Schicksal ist, das sie getroffen hat. „Warum ich?" fragt sie sich

Schema 3. Visuelle Wiedergabe des Verarbeitungsprozesses der Trauer bei einer Betreuerin

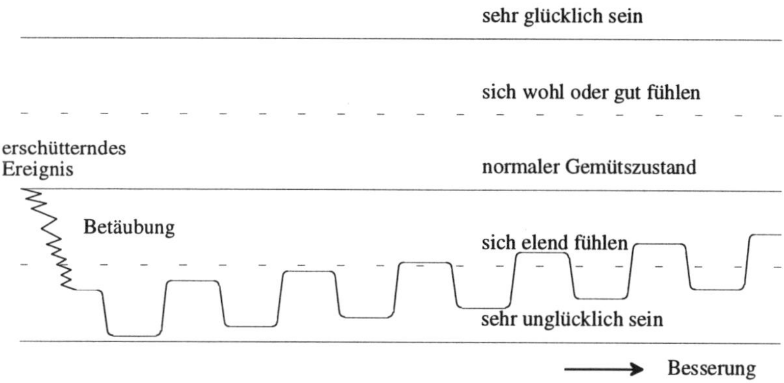

Erläuterung:
Den größten Teil unseres Lebens bewegt sich unsere Stimmung zwischen den beiden gestrichelten Linien, also um die mittlere Linie herum: der normale Gemütszustand.
Wenn wir einen schweren Rückschlag erleiden, sinkt unser Gefühlszustand von der Normallinie rapide abwärts, bei sehr schweren Schlägen möglicherweise sogar bis auf die unterste Linie. Im ersten Augenblick fühlen wir das noch nicht: wir sind betäubt. Wenn wir aus unserer Betäubung erwachen, fühlen wir uns elend. Sobald wir an das erschütternde Ereignis denken oder darüber sprechen, sinkt unser Gemütszustand wieder. Weil der Schmerz immer noch zunimmt, wenn unser Gefühlszustand mehr und mehr nach unten geht, neigen wir dazu, nach oben auszuweichen. Da sich das unmittelbare Umfeld ebenfalls unwohl fühlt, wenn ein anderer leidet, versucht es instinktiv, den anderen nach oben zu ziehen. Es wird z. B. ein anderes Thema angeschnitten oder die abgenutzte Phrase „Das Leben geht weiter" bemüht.
Um sich am Ende wieder von einem psychischen Schock zu erholen, muß jedoch die Konfrontation mit schmerzhaften Gefühlen gesucht werden. Geschieht dies nicht, führt das auf Dauer zu psychischen oder körperlichen Beschwerden. Gefühle sind zeitlos. Falls sie nicht geäußert werden, bleiben sie existent (Die Redensart „Die Zeit heilt alle Wunden" birgt kein Körnchen Wahrheit in sich!)

verzweifelt. Es ist ebenso völlig natürlich, daß die Betreuerin ab und zu über die Verantwortung, die sie jetzt zu tragen hat, verärgert ist und ihre Frustration über alle Lasten und Sorgen, die sie momentan hat, kundtut. Einige reagieren ihren Zorn am Hausarzt ab: er hat die Krankheit zu spät erkannt, es unterlassen, den Angehörigen an einen Spezialisten zu überweisen, nicht die richtigen Medikamente verschrieben.

In fast allen Fällen richtet sich die meiste Aggression gegen die Person, die das Leben so einschneidend verändert hat: den hilfsbedürftigen Angehörigen.

> „Für diese Arbeit braucht man eine Engelsgeduld, und die besitze ich nicht. Körperlich leben wir, seelisch sind wir wie tot. Kein Wunder, daß wir einander ab und zu beschimpfen."

> „Er weiß genau, wie er mich aufs äußerste reizen kann. Vor einem halben Jahr konnte ich mich nicht mehr beherrschen, ich gab ihm eine Ohrfeige. Ich kam erst zur Besinnung, als er anfing zu weinen."

> „Was ich auch mache, es ist nie richtig oder gut genug. Wenn ich seine Füße wasche, fange ich meistens automatisch mit seinem rechten Fuß an. Dann wird er zornig und fängt an zu schimpfen. Er will, daß ich erst seinen linken Fuß wasche. Mein Vater behandelt mich noch immer wie ein Kind. Er findet es ganz normal, mich nachts wegen einer Kleinigkeit aus dem Bett zu trommeln. Wenn ich dann nicht sofort komme, fängt er an zu schreien, wo ich denn in Gottes Namen bleibe. Dann fühle ich, wie mein Adrenalinspiegel steigt."

Es ist also nicht verwunderlich, daß manch eine Betreuerin sich bisweilen wünscht, daß die betreute Person bald sterben möge.

Ob diese Gefühle der Aggression und des Zorns geäußert werden oder nicht, sie rufen vielfach Schuldgefühle hervor. Der Betreuerin wird meistens klar, daß den anderen doch auch keine Schuld trifft.

Angst

Viele Betreuerinnen haben Angst vor der Zukunft. Sie fragen sich verzweifelt, wie es weitergehen soll, wenn sich die Krankheit verschlimmert oder der Angehörige stirbt. Eine Mutter, die für ihren kranken Vater und für ihre eigenen Kinder sorgt:

„Wenn meine Kinder Hilfe benötigen, bringe ich ihnen Schritt für Schritt bei, für sich selbst zu sorgen, so daß sie später von mir unabhängig und selbständig werden. Bei meinem Vater besteht keine Hoffnung mehr, daß er jemals wieder unabhängig wird. Er wird nur noch abhängiger werden. Eine Frage beschäftigt mich sehr: Kann ich noch alles bewältigen, wenn Vater gar nichts mehr kann oder muß ich ihn dann in ein Pflegeheim geben? Ich fände es furchtbar, wenn er zwischen all den ausgezehrten Menschen landen würde."

Diese Betreuerinnen haben häufig große Angst, sehr krank zu werden, „denn dann kann er nicht mehr zu Hause bleiben".

Ärzte und Krankenpfleger, die in ihrem Beruf viel mit chronischen Leiden, die mit gesundheitlichen Störungen einhergehen und die erwiesenermaßen genetisch veranlagt sind, zu tun haben, wissen aus Erfahrung, daß viele Angehörige sich ernsthaft Sorgen machen, daß bei ihnen früher oder später die Krankheit ebenfalls ausbricht. Es kommt vor, daß dieses mögliche Schicksal ihnen soviel Angst einjagt, daß sie sich aktive Sterbehilfe wünschen, falls sie selbst Anzeichen der gefürchteten Krankheit zeigen.

Eltern eines Kindes mit einer chronischen Erbkrankheit, die in frühen Jahren ausbrach, z. B. die Chorea Huntington, werden manchmal schier wahnsinnig bei dem Gedanken, daß bei einem weiteren Kind die Krankheit auch ausbrechen könnte.

Wenn die Krankheit des Angehörigen mit psychiatrischen Symptomen einhergeht, befällt Betreuerinnen oft Angst aufgrund der Unvorhersehbarkeit des Verhaltens, aber auch vor körperlicher Gewalt. Diese Angst ist insbesondere dann vorhanden, wenn sie früher selbst durch den Angehörigen angegriffen oder mit Gewalt bedroht wurden.

Kummer

Verlust und Kummer sind untrennbar miteinander verbunden. Kummer tritt meistens zuerst auf, weil Zukunftspläne drastisch korrigiert werden müssen. „Wenn mein Mann gesund wäre, könnten wir jetzt gemeinsam unseren Lebensabend genießen." Eine Mutter eines Kindes mit Muskeldystrophie:

„Mein Mann hatte sich so sehr darauf gefreut, später mit Johannes Fußball spielen zu können, er träumte manchmal schon davon, daß er Profispieler werden würde. Ich denke noch weiter voraus: niemals Oma werden, nie Enkelkinder haben. Es ist sehr schwer zu sehen, wie solche Träume in die Brüche gehen."

Bei Krankheiten, die den Verstand oder die Persönlichkeit berühren, kommt der Verlust in gefühlsmäßiger Hinsicht bisweilen dem Tod gleich. Die Partnerin eines dementen Mannes:

„Er ist nicht mehr mein Mann. Nur sein Äußeres ist noch genauso wie früher. Ich fühle mich wie eine Witwe."

Andere haben Kummer, weil sie ihre Freiheit verloren haben und ihren Lebensstil gezwungenermaßen ändern mußten:

„Ich habe immer so frei wie ein Vogel gelebt. Ich habe immer getan, was ich wollte. Jetzt bin ich eine Art Gefangener. Das schmerzt mich am meisten."

Eine chronische Krankheit oder Behinderung kann auch zur Folge haben, daß sowohl der gesunde als auch der hilfsbedürftige Angehörige Abschied von der gemeinsamen Sexualität nehmen müssen (s. dazu Abschnitt *Psychische und soziale Probleme*). Falls bei zwei Menschen die Sexualität in der gesunden Phase eine sehr wichtige Rolle in der Beziehung spielte, fällt es sehr schwer, diesen Verlust zu verarbeiten oder zu akzeptieren. Das Verständnis des kranken Partners kann soweit gehen, daß vereinbart wird, daß die betreuende Person eine sexuelle Beziehung mit einem dritten eingehen darf. Für viele ist dies jedoch kein Thema, das bedeutet allerdings nicht, daß sie den Verlust der Sexualität als leicht erfahren!

Manchmal liegt der Kummer im Verlust der sozialen Stellung und des Selbstwertgefühls begründet, weil die Arbeitsstelle gekündigt werden mußte. Für Frauen, die „einen tollen Job" hatten, in dem sie sich selbst verwirklichen konnten, ist die Pflege eines hilfsbedürftigen Angehörigen auch aus diesem Grund ein schweres Los.

Schuldgefühle

Schuld kann viele Gesichter haben. Es kommt vor, daß sich der gesunde Partner schuldig fühlt, weil ihm selbst nichts fehlt. Eine

Partnerin sagte z. B.: „Weshalb bin ich gesund und mein Mann hat diese furchtbare Krankheit (MS)?“ Besser vorstellbar ist die Reaktion der Mutter, deren Sohn Opfer eines Verkehrsunfalls wurde: „Hätte ich ihm doch kein Mofa geschenkt…“ Eltern eines behinderten Kindes können sich als Versager fühlen, weil sie ein nicht-normales Kind gezeugt haben: „Ich hätte in der Schwangerschaft gesünder leben müssen und mit dem Rauchen aufhören müssen.“

Mehr als die Hälfte aller pflegenden Kinder fühlen sich ununterbrochen schuldig, weil sie das Gefühl haben, zu wenig zu machen. Dieses Schuldgefühl hängt nicht davon ab, wieviel Pflege geleistet wird. Mit anderen Worten: Sie haben auch dann Schuldgefühle, wenn sie bis an die Grenzen der Belastbarkeit gehen. Es ist sogar so, daß diejenigen Kinder, die die meiste Pflege leisten, die größten Schuldgefühle haben. Bei pflegenden Kindern wird viel Streß hervorgerufen durch ihre vergeblichen Bemühungen, die Kluft, welche einerseits besteht zwischen dem, was sie können und wirklich machen, und andererseits dem, was sie ihrer Ansicht nach tun müßten, zu überbrücken.

Betreuerinnen, die die Pflege einer geliebten Person aufgeben und einer Einrichtung überantworten mußten, haben deswegen oft Schuldgefühle, die kaum zum Schweigen zu bringen sind.

„Es war die schwierigste Entscheidung meines Lebens, der Tag der Aufnahme der schlimmste. Es ist jetzt ein Jahr her und ich zweifle noch oft, ob die Entscheidung richtig war. Jeden Sonntag Nachmittag hole ich Mutter ab und nehme sie mit nach Hause. Sie genießt es, zu Hause zu sein, wenn sie eine Katze wäre, würde sie schnurren. Wenn ich ihr wieder beim Einsteigen ins Auto helfe, um zurückzufahren, widersetzt sie sich fast jedesmal heftigst. Für sie und für mich ist der Rückweg stets ein Leidensweg.“

„Ich empfand es als Debakel, daß es mir nicht gelungen war. Ich habe meinen Mann in eine geschlossene Abteilung bringen müssen. Tür auf- und wieder abschließen, nächste Tür auf, wieder abschließen. Auf dem Heimweg bin ich zusammengebrochen. Ich habe fürchterlich geweint. Ich habe geheult. Ich habe nicht gewußt, daß ich so weinen konnte. Was hatte ich um Himmels willen getan? Ich hatte meinen Mann weggebracht…“

Scham

Viele Betreuerinnen schämen sich dafür, daß sie einen Partner haben, der hilfsbedürftig ist. Pflegende Partner wagen es manchmal nicht mehr, sich in der Öffentlichkeit zu zeigen, weil sie meinen, daß die Hilfsbedürftigkeit ihres Lebensgefährten sie in den Augen der anderen zu Menschen zweiter Klasse degradiert. Andere schämen sich vor allem für das Verhalten des hilfsbedürftigen Angehörigen:

> „Mein Mann hat Parkinson. Ich sehe, wie Menschen seine zitternden Hände und seinen nach vorne gebeugten Körper beobachten. In letzter Zeit leidet er auch an einem übermäßigen Speichelfluß. Als ich vor zwei Wochen mit meinem Mann beim Doktor im Wartezimmer saß, gab es ein paar kleine Kinder, die ihre Eltern danach fragten. Die Eltern wußten nicht, wie sie sich verhalten sollten. Ich habe mich wegen ihnen geschämt."

Rollentausch

Wegen der Hilfsbedürftigkeit muß das frühere Rollenverhältnis häufig revidiert werden. Der gesunde Partner kann gezwungen sein, die Rolle des dominanten Partners zu übernehmen, und Kinder können gezwungen sein, die Elternrolle in bezug auf ihre Eltern zu übernehmen. Es ist gut, als Helfer ein Auge für die Probleme, die mit dem Rollentausch einhergehen, zu haben. Die Veränderung des Kräfteverhältnisses ist ein Anschlag auf das Anpassungsvermögen beider Parteien.

Personen, die in der Beziehung und in der Familie früher gewöhnlich die Initiative übernahmen, maßgeblich am Entscheidungsprozeß mitwirkten oder manchmal sogar gewohnt waren, für den anderen zu denken, kurzum, die stolz auf ihre Unabhängigkeit waren, haben besondere Schwierigkeiten, jetzt auf den Partner angewiesen zu sein und die „zweite Geige spielen" zu müssen. Vormals abhängige Partner müssen einige Hindernisse und innere Unsicherheiten überwinden, um fortan das „Ruder zu übernehmen".

Einige gewöhnen sich niemals an den Verlust der früheren Sicherheit und Führung durch eine sichere Hand an ihrer Seite, andere blühen auf, jetzt da sie die Möglichkeit sehen, sich aus der Unterjochung zu befreien.

In einer amerikanischen Zeitschrift war einmal zu lesen, daß der Mensch erst wirklich erwachsen ist, wenn ihn die Eltern mehr brauchen als umgekehrt. Eine 28jährige Frau faßte in Worte, wie schmerzlich es sein kann, erwachsen zu werden, wenn es abrupt geschieht:

„Mein Vater kam zu mir und fing an zu weinen. Er saß da mit all seinem Kummer und ich mußte ihn trösten. Etwas in unserem Verhältnis hatte sich grundlegend verändert. Er war nicht mehr meine Stütze. Von diesem Tag an waren die Rollen eher vertauscht."

Auch bei der Pflege anderer Angehöriger kann es zu einem Rollentausch kommen:

„Meine Tante war eine so stolze, unabhängige Frau. Sie war mein Vorbild. Jetzt ist sie abhängig, und mir fällt es schwer, die Führungsrolle zu übernehmen, wenn das erforderlich ist. Das gleiche gilt auch bei meinen Schwiegereltern. Bei ihnen ist es eigentlich noch schwerer für mich. Wie soll ich ihnen sagen, was sie machen sollen?"

Der Rollentausch ist besonders schwierig, wenn der nächste Angehörige seinen verschlechterten Gesundheitszustand und seine Abhängigkeit nicht wahrhaben will.

„Sie fand immer, daß sie alles besser wisse. Sie wollte immer die erste Geige spielen: Sie war die Mutter und ich ihr Kind. Sie kann es nicht akzeptieren, daß die Rollen jetzt vertauscht sind. Sie hört nicht auf, mich zurechtzuweisen und zu sagen, was ich tun muß."

Um die Umkehrung handhaben zu können, sollte sowohl der Kranke als auch die Betreuerin zuerst den Verlust der Gesundheit des ersteren in gewissem Maße akzeptieren. Leider haben beide oft nicht die Gelegenheit, den Verarbeitungsprozeß zuerst zu durchlaufen. Die Verschlechterung der Gesundheit geht notwendigerweise mit der Umkehr der Rollen einher. Helfer können hier helfen, indem sie beiden Parteien zuhören und, ohne zu urteilen, sie dort, wo sie etwas als schwierig erfahren, moralisch unterstützen. Vielfach ist es vernünftiger, einzeln mit der Betreuerin und dem Angehörigen zu sprechen und sie zu unterstützen, als sie sofort miteinander zu konfrontieren.

Verarbeitung verläuft nicht immer synchron
Die Verarbeitung der Krankheit verläuft nicht immer parallel zwischen Betreuerin und nächstem Angehörigen. Der Patient ist vielfach weiter. Wenn sich der Patient im Krankenhaus oder Rehabilitationszentrum auf die zukünftige Situation hat einstellen können, ist er häufig weiter als der Partner. Dieser wird erst in vollem Umfang mit den Einschränkungen und der Behinderung konfrontiert, wenn der Angehörige nach Hause kommt. Letzterer muß dann dem gesunden Partner bei der Verarbeitung helfen, was zu Schuldgefühlen führen kann: „Mein Mann ist stärker als ich, er muß mich trösten anstatt umgekehrt."

Auch bei pflegenden Angehörigen untereinander, z. B. bei einem Ehepaar mit einem Kind, das an einer unheilbaren Krankheit leidet, verläuft die Verarbeitung meistens nicht parallel. Eine Frau drückte sich folgendermaßen aus, wie ihr Mann und sie die Krankheit ihres Sohnes vollkommen anders verarbeiteten:

„Manchmal bemerkte ich ganz deutlich, daß wir dieselben Situationen anscheinend auf völlig verschiedene Weisen erlebt hatten. Das führte zu Gesprächen und beiderseitigen Enttäuschungen, weil unser Verarbeitungsprozeß nicht immer synchron verlief (...) Allmählich (d. h. als sie die Niederschrift ihres Mannes las, in der er seinen Verarbeitungsprozeß beschrieben hatte; H.B.) fing ich an, immer besser zu verstehen, daß uns etwas ganz Unterschiedliches berührte, während wir doch das gleiche erlebten" *(Parmentier, 1991).*

Helfer können viel Leid vermeiden, indem sie die Betroffenen über die Möglichkeit unterschiedlicher Reaktionsweisen und Tempi bei der Verarbeitung der Hilfsbedürftigkeit einer geliebten Person aufklären.

Erreichbarkeit und Verfügbarkeit

Die Partnerin eines psychotischen Patienten:

„Ich bin dann noch einmal alleine zum Psychiater gegangen. Es war ein sehr netter Mensch. Er sagte wiederholt zu mir: ‚Wenn ich höre, was Sie alles machen. Ich finde das ungeheuer gut'. Daß er das zu mir sagte, tat mir zu diesem Zeitpunkt sehr sehr gut. Und er bot mir an, daß ich ihn immer anrufen konnte, zu jeder Tages- und Nachtzeit. Das war eine große Erleichterung."

Den meisten Betreuerinnen fällt es schwer, für Hilfe oder Ratschläge zu einem Experten zu gehen. Sie lösen ihre Probleme am liebsten allein. Sie zögern sehr lange, Einrichtungen, die eigens für sie geschaffen wurden, einzuschalten und sind sehr bescheiden, wenn sie durch die Umstände gezwungen sind, um Hilfe nachzusuchen. Um eine Überlastung zu vermeiden, ist es deshalb vernünftig, daß Helfer (Hausärzte, Sozialarbeiter und Gemeindeschwestern) zu bestimmten Zeiten selbst Kontakt zu ihnen aufnehmen. Daneben ist es empfehlenswert, daß sie die Betreuerinnen wissen lassen, daß diese mit ihren Problemen immer zu ihnen kommen können. Das Wissen um die Tatsache, daß es jemanden gibt, der bereit ist, ihnen zuzuhören oder zu helfen, wenn dies nötig ist, wirkt sich bereits sehr erleichternd aus. Ein solches Angebot wird zu einer Art Rettungsinsel für den Betroffenen.

Anerkennung zeigen

Personen, die einen hilfsbedürftigen Angehörigen pflegen, müssen manchmal jahrelang ihre eigenen Erfahrungen und Wünsche dem anderen unterordnen. Dennoch kommt es vor, daß diese Personen niemals gelobt werden. Für die übrige Familie ist das Pflegen bereits seit langem zur Selbstverständlichkeit geworden; Freunde, Bekannte und Nachbarn sind ebenfalls daran gewöhnt, und der Hausarzt, der hin und wieder vorbeikommt, denkt auch nicht daran, daß hier jemand ist, der sich manchmal nach Anerkennung sehnt.

Meine Absicht dürfte deutlich sein. Eine der einfachsten Methoden, als Helfer die Betreuerin eines Angehörigen zu unterstützen, ist, sie von Zeit zu Zeit zu ermutigen, indem sie für die Art und Weise, wie sie ihre Arbeit macht, gelobt wird. Der professionelle Helfer kann ebenso die betreute Person – falls Kommunikation möglich ist – auffordern, der Betreuerin mehr Anerkennung auszusprechen. „Ein Kompliment ist wie ein Frühlingslüftchen", sagt ein russisches Sprichwort. Ein Kompliment wirkt sehr erfrischend, es befreit und verleiht neue Energie. Ein wohlgemeintes Kompliment hallt tagelang in den Gedanken nach oder wie der berühmte, amerikanische Schriftsteller Mark Twain einmal sagte: „Ich kann von einem Kompliment zwei Monate lang leben."

9. Praktische Unterstützung

Eine Mutter, die ihren Sohn pflegt, der an Duchenne'scher Muskeldystrophie leidet, einer Krankheit, bei der die Muskelsubstanz allmählich verschwindet:

> „Im allgemeinen argumentiert man noch aus dem alten Rollenverständnis heraus. Wenn Eltern z. B. ein Kind mit Duchenne'scher Muskeldystrophie haben, wird erwartet, daß die Mutter Hilfe leistet, da diese ja eh zu Hause ist. Ich kann Ihnen jedoch erzählen, daß es eine gigantische Belastung ist. Denn es bedeutet, daß jemandem morgens aus dem Bett geholfen werden muß, er gewaschen, angezogen, gefüttert, manchmal zu einem Aktivitätenzentrum oder zur Schule gebracht oder auch zu Hause versorgt werden muß. Man muß ihnen bei allen Hobbys helfen. Und bei allem, was sie zum Leben brauchen. Abends muß man sie zu Bett bringen und dann mittels einer Gegensprechanlage horchen, ob alles in Ordnung ist. Falls das Kind Atembeklemmung bekommt, muß man eingreifen, muß es gedreht werden, dann muß man ans Bett. Bei kleinen Kindern bedeutet das, sechs bis zehn Mal pro Nacht aufzustehen, und das setzt sich fort, das hört nicht auf.
> Das kann keine Betreuerin aufbringen. Auch nicht in einem Anfangsstadium, denn da pflegende Angehörige alles selbst machen, werden sie zu einem bestimmten Zeitpunkt selbst zu Patienten! Wie oft Eltern oder Betreuerinnen zusammenbrechen! Ganz zu schweigen von den psychischen Problemen, die durch das Gebundensein aufkommen können. Es wäre großartig, wenn man präventiv tätig werden würde, indem Familien zu Stoßzeiten, also morgens und gegen Abend, Hilfe bekämen."

Die meisten Betreuerinnen haben, sofern sie nicht vom Pflegedienst entbunden werden wollen, kein ständiges Bedürfnis nach Hilfe, sondern ein gelegentliches, über den Tag oder die Woche verteilt.

Von allen Formen der Unterstützung, die in diesem Kapitel besprochen werden, ist praktische Hilfe die bekannteste. Wenn der hilfsbedürftige Angehörige und/oder die Betreuerin, aus welchen Gründen auch immer, nicht mehr in der Lage sind, (die gesamte) Arbeit im Haushalt zu verrichten, kann ein professioneller Helfer bemüht werden. Das kann jemand von einer Sozialstation oder einer privaten Organisation sein. Für Hilfe bei der Körper- und Krankenpflege – Waschen, Wundbehandlung, beim An- und Ausziehen helfen, Spritzen geben, Medikamente absetzen oder verabreichen usw. – können Betreuerinnen ebenfalls staatlich oder kirchlich finanzierte oder private Organisationen in Anspruch nehmen. Obwohl diese Dienstleistungen auch von Helfern selbst manchmal unterbewertet werden, ist diese Hilfe für die Betreuerinnen und ihre hilfsbedürftigen Angehörigen von kaum unterschätzbarer Bedeutung. Ohne Unterstützung im Haushalt und/oder bei der Körperpflege wird die Betreuerin noch mehr belastet oder eine Aufnahme oft unvermeidlich sein. Häufig wird praktische Unterstützung durch Helfer dazu führen, daß die Qualität der Pflege zu Hause verbessert wird. In vielen Fällen wird die Betreuerin erst in der Lage sein, den psychischen und sozialen Bedürfnissen des hilfsbedürftigen Angehörigen gerecht zu werden, wenn ein anderer beispielsweise den Hausputz und das Einkaufen übernimmt. Sie hat dann somit auch ab und zu die Zeit und Energie, wirklich ein Gespräch zu führen oder zusammen etwas Schönes zu unternehmen, wie z. B. einen Spaziergang zu machen.

Praktische Hilfe entlastet die Betreuerin meistens sowohl körperlich als auch psychisch. Ein Beispiel: Eine pflegende Tochter fühlte sich sehr „unbehaglich" und ratlos seit dem Augenblick, an dem ihr noch relativ junger Vater ihre Hilfe beim Baden benötigte. Das 14-tägliche Bad wurde eine Zwangsvorstellung für sie. Als die Gemeindeschwester ihr diese Aufgabe abnahm, wurde viel Energie für andere Pflegeaufgaben frei.

Praktische Hilfe professioneller Helfer kann auch dazu führen, daß die Beziehung zwischen Betreuerin und hilfsbedürftigem Angehörigen gut bleibt. Auf einem großen Kongreß über informelle Pflege rutschte einer Frau, die infolge eines Schlaganfalls halbseitig gelähmt war, heraus, daß sie bei bestimmten Verrichtungen, z. B. beim Baden, nicht die Hilfe ihres Mannes, sondern nur die eines professionellen Helfers möchte.

„Wenn ich in der Badewanne sitze und auf einmal mit meinem Mann anfangen würde zu zanken, könnte er mich in seinem Zorn eine Weile im Bad sitzen lassen. Ich darf gar nicht daran denken. Wir haben jetzt eine ausgezeichnete Beziehung, und das soll so bleiben."

Der ganze Saal – Patienten, Betreuerinnen und Helfern – fiel empört über sie her. „Wenn man miteinander verheiratet ist, sorgt man doch füreinander. Was Sie da sagen, darf man nicht einmal denken, geschweige denn laut aussprechen" war der Tenor der Kommentare der Anwesenden. Der Saal war der Ansicht, daß es in einer Ehe der Beziehung keinen Abbruch tun dürfe, Pflege zu leisten. Die Frau war jedoch der Meinung, daß die Beziehung, in der das frühere Gleichgewicht zwischen Geben und Nehmen gestört ist, sowohl kostbarer als auch brüchiger geworden ist. Der Leser urteile selbst, welche Auffassung vom größeren Realitätssinn zeugt.

10. Edukative Unterstützung

Eine andere Möglichkeit, wie Helfer Betreuerinnen helfen können, ist die Weitergabe von Kenntnissen und Erfahrungen, zu informieren und Fertigkeiten beizubringen. In diesem Abschnitt werden einige Möglichkeiten besprochen, wie Helfer ohne große Anstrengungen Betreuerinnen unterstützen können.

Informationen über die Krankheit und ihre Folgen

> „Daß es jetzt viel besser geht, rührt nicht nur daher, daß sie umgänglicher geworden ist, daß sie weiter abgebaut hat, sondern auch daher, daß ich mich verändert habe. Ich bin froh, an der Gesprächsgruppe teilgenommen zu haben. Es hat mir die Augen geöffnet. Jetzt weiß ich genau, was sich da abspielt. Denn das bemerkt man gar nicht. Am Anfang ist man machtlos. Man weiß nicht, was los ist und niemand hilft einem dabei. Sie sagen lediglich: ‚Laß doch und laß sie in Ruhe.‘ Aber das geht nicht. Ich bin sehr froh, daß ich dorthin gegangen bin. Anfangs wurde ich ab und an auf sie wütend, jetzt nicht mehr. Heute sehe ich es mit ganz anderen Augen. Ich schreibe jetzt alles ihrer Krankheit zu. Selbst wenn sie undankbar ist, kümmert es mich nicht mehr, weil ich jetzt die Ursache genau kenne und ich mich daher anders verhalte. Nun akzeptiere ich das Ganze. Man weiß über alles Bescheid. Zu Anfang war das überhaupt nicht der Fall. Senile Demenz ist deshalb eine sehr unerfreuliche Krankheit. Bevor man einigermaßen realisiert, was sich abspielt, ist eine Menge passiert, das man hinterher bereut.“ (Duijnstee, 1992).

Die Kenntnis der Diagnose und deren inhaltliche Bedeutung ist nötig, um zu einer gewissen Akzeptanz des Verhaltens des hilfsbedürftigen Angehörigen zu kommen. Viele Betreuerinnen haben jedoch nur ein unzureichendes Wissen. Eine der Ursachen ist, daß sie die Ärzte oder andere Helfer zu wenig fragen. Einige wagen nicht richtig zu fragen, aus Angst zu hören, was sie lieber nicht hören wollen; andere fragen wenig, weil sie befürchten, „lästig“ zu sein.

Ein weiterer Grund ist, daß es Helfern oft nicht gelingt, die Sprache der Betreuerin zu sprechen. Sie benutzen z. B. viele Bezeichnungen und Fachausdrücke, die der Laie nicht versteht.

Schließlich liegt eine Ursache darin, daß Informationen manchmal in Augenblicken gegeben werden, in denen die Betreuerin nicht in der Lage ist, alles richtig aufzunehmen. Sie hört z. B. „schlechte Neuigkeiten“ und überhört danach den Rest. Untersuchungen belegen, daß mehr als 60 % der Informationen, die der Arzt erteilt, nicht behalten werden.

Der Helfer, der die Kunst beherrscht, die Betreuerin gut über die Krankheit des nächsten Angehörigen zu informieren, vergrößert ihre Belastbarkeit. Kenntnisse über die Krankheit oder das Leiden und ihre bzw. seine Folgen erleichtern es nicht nur, bestimmte „befremdliche“ Verhaltensweisen zu verstehen, sondern diese auch akzeptieren zu können. Durch eine bessere Einsicht in die Möglichkeiten und Einschränkungen des Angehörigen wird sie störendes Verhalten anders interpretieren und damit besser umgehen können. Eine Betreuerin, die einsieht, daß sexuell enthemmtes Verhalten nicht vorsätzlich, sondern eine Folge der Krankheit ist, wird weniger rasch irritiert oder ängstlich reagieren. Betreuerinnen von Angehörigen mit der Parkinsonschen Krankheit kann viel Ärger erspart bleiben, wenn sie wissen, daß die monotone Sprache, die bisweilen in ein kaum verständliches Gemurmel übergeht, die Folge der Krankheit und nicht die Folge mangelnden Einsatzes ist.

Kenntnisse über die Krankheit oder das Leiden sind nicht immer ausreichend, um allen Problemen, die sich im Umgang ergeben können, die Stirn bieten zu können. Es ist deswegen eine oft notwendige Ergänzung zu den Informationen über die Krankheit, wenn die wichtigsten Ratschläge für den Umgang dosiert und wiederholt erteilt werden. Mit dem Vermitteln von Informationen – entweder mündlich oder durch Prospekte, Broschüren oder Bücher oder audiovisuell (!) durch eine Kassette oder einen Videofilm – ist es jedoch noch nicht getan. Die Betreuerin muß ebenfalls Gelegenheit haben, Fragen über Unsicherheiten und Ängste, die sie nach dem Hören, Lesen oder Sehen hat, stellen zu können.

Kardinalfragen der Betreuerinnen sind oft: „Wie lange wird mich der hilfsbedürftige Angehörige brauchen" und „Wird er noch abhängiger werden". Vor allem bei einer chronischen Krankheit, die sich langsam verschlimmert – man denke z. B. an Multiple Sklerose oder ein anderes neurologisches Leiden –, spielt dieses Thema oft eine Rolle. Diese Situation kann am besten gemeistert werden, indem der Helfer antwortet, daß es große individuelle Unterschiede im Verlauf gibt und indem er betont, daß bei dem Angehörigen nicht unbedingt die schlimmste Form auftreten muß.

Der Betreuerin kann auch dadurch geholfen werden, daß bei der heutigen Situation verweilt wird und daß überlegt wird, wie die heutigen Probleme am besten angegangen werden können. Wenn die Betreuerin lernt, die augenblicklichen Probleme anzugehen, faßt sie das notwendige Vertrauen, daß dies mit zukünftigen Problemen auch gelingen wird. Ein *Vorgehen*, bei dem man sich auf das *Hier und Jetzt* konzentriert, ist häufig das beste: viele Betreuerinnen halten sich über Wasser, indem sie von Tag zu Tag leben und bewußt die Augen vor dem Morgen verschließen. Das erscheint auf den ersten Blick ein wenig ungewöhnlich: dadurch überleben, daß die Augen geschlossen werden oder sich dadurch über Wasser halten, das zu ignorieren, was die Zukunft bringen könnte. Ignorieren ist jedoch nicht das gleiche wie Verdrängen. Letzteres heißt, sich bestimmten Erlebnissen und Emotionen zu verschließen, weil sie zu schmerzlich sind. Sie werden unbewußt verdrängt. Ignorieren dagegen heißt, bei vollem Bewußtsein schmerzliche Gefühle oder Erlebnisse nicht wahrhaben wollen. Diesen Dingen wird für kurze Zeit keine Aufmerksamkeit geschenkt, die Betreuerin konzentriert sich lieber auf das, was in diesem Augenblick oder heute getan werden muß. Psychologen haben entdeckt, daß eine solche Vogel-Strauß-Politik eine gute Art und Weise ist, sich einer schwierigen Situation wie der Pflege eines hilfsbedürftigen Angehörigen anzupassen. Der Nutzen des Ignorierens ist, daß die Betreuerin nicht durch ängstliche Vermutungen oder schmerzliche Gefühle gelähmt wird. Es befähigt sie, die Aufmerksamkeit auf das äußere Geschehen zu lenken, um das machen zu können, was möglich und nötig ist.

Hilfe beim Erlernen von Fertigkeiten für die Pflege

Für die Pflege eines hilfsbedürftigen Angehörigen sind nicht nur Kenntnisse notwendig, es sind auch viele Fertigkeiten erforderlich: Hilfe beim Gang zur Toilette, beim An- und Ausziehen, beim Essen, beim Waschen und Baden usw. Helfer in Pflegeberufen haben in ihrer Ausbildung diese Fertigkeiten erworben. Sie haben z. B. gelernt, bestimmte pflegerische Handlungen mit möglichst wenig Energie und möglichst geringem Verletzungsrisiko durchzuführen. Sie wissen, daß falsches Heben zu ernsten Rückenschmerzen oder anderen körperlichen Beschwerden führen kann, die nicht ohne weiteres wieder verschwinden. Hebetechniken sind deswegen ein Bereich, auf dem der professionelle Helfer der Betreuerin viele nützliche Dinge beibringen kann. Dieser Helfer kann die Betreuerin auch lehren, einen bettlägerigen Älteren bei notwendigen Handlungen, wie dem Wechseln der Unterwäsche und des Bettuchs, bei der Pflege im Bett möglichst wenig zu drehen.

Manchmal können Hilfsmittel die Pflege erheblich erleichtern. Um an den Rollstuhl gefesselte Personen aus diesem auf die Toilette, ins Bad oder auf einen Stuhl zu heben, ist z. B. eine Schwenkvorrichtung sehr nützlich. Eine Toilettensitzerhöhung, Handgriffe und hochklappbare Halterungen sind allesamt Hilfsmittel, welche die hilfsbedürftige Person länger in die Lage versetzen, selbständig oder mit wenig Hilfe durch die Betreuerin die Toilette aufzusuchen. Ein höhenverstellbares Bett erleichtert oft pflegerische Handlungen. Die Anschaffung oder Miete eines Notrufgeräts ermöglicht es der Betreuerin, ruhigeren Gewissens nach draußen zu gehen. Heutzutage gibt es für fast jedes Problem ein Hilfsmittel. (Es gibt über 6000 Hilfsmittel im Handel!) Helfer können Betreuerinnen auf diese Hilfsmittel aufmerksam machen und ihnen beibringen, wie diese zu benutzen sind.

Informieren über das Gesundheitswesen

Für viele ist das Gesundheitswesen ein Labyrinth. Sogar Helfer wissen – auch weil das Gesundheitswesen einer ständigen Entwicklung unterliegt – nicht immer, wohin sie sich mit bestimmten Fragen wenden sollen. Jahr für Jahr kommen viele neue Einrichtungen und Dienstleistungen hinzu.

Ein wichtiges Mittel, Betreuerinnen zu helfen, ist das Informieren über das Gesundheitswesen und die staatlichen und kirchlichen Dienstleistungen. Dies sollte jedoch kein eigenständiges Ziel sein, es sollte immer an konkrete Fragen und Probleme angeknüpft werden. Deswegen sollte von letzteren ausgegangen werden, nicht von den bestehenden Einrichtungen. Wenn der Helfer anders vorgeht und lediglich die Einrichtungen aufzählt, besteht die Gefahr, daß diese Informationen unzureichend genutzt werden (können). Problemorientierte Ratschläge führen zu der benötigten Hilfe und schaffen häufig auch eine Basis für eigene kreative Lösungen seitens der Betreuerin. Ein Beispiel eines Problempakets mit möglichen Lösungen finden Sie im nachstehenden Schema (Schema 4).

Unterstützung beim Umgang mit Spannungen in der Familie

„Ich habe sechs Brüder und zwei Schwestern, aber keiner von ihnen hat mir jemals seine Hilfe bei der Pflege von Vater angeboten. Wenn sie anrufen, fragen sie zwar, wie es ihm geht, aber dabei bleibt es. Niemand kann mir vormachen, sie wüßten nicht, wie beschäftigt ich Tag und Nacht mit Vater bin."

„Wir sind zu viert, alles verheiratete Töchter mit einer Familie. Vor fünf Jahren haben wir angefangen, jeden Monat einen Plan zu entwerfen, der die abwechselnde Pflege unserer Mutter regelt."

Dies sind zwei Äußerungen von Töchtern, die einen Elternteil pflegen. Die erste spricht unumwunden ihre Enttäuschung über die mangelnde Unterstützung durch ihre engsten Angehörigen aus, die zweite macht deutlich, daß sie sich über diese Unter-

Schema 4. Ein Beispiel maßgerechter Pflege – ausgehend von den Bedürfnissen einer Betreuerin

Bedürfnis	Einrichtung
Ratschläge und Unterstützung bei lästigem Verhalten des hilfsbedürftigen Angehörigen	Staatliche oder kirchliche Organisation für häusliche Altenpflege: Gemeindeschwester, Psychologe oder geriatrischer Krankenpfleger
Zwei Abende pro Woche für sich selbst	Ehrenamtliche Organisation, die für eine Aufsichtsperson sorgen kann
Hilfe beim Hausputz	Familienpflege
Hilfsmittel, um den Gang zur Toilette und das Duschen zu erleichtern	Gemeindekrankenpflege (alternativ: Ergotherapeut eines Rehabilitationszentrum oder eines Pflegeheims)
Hilfe beim Baden und Duschen	Gemeindekrankenpflege (oder Familienpflege)
Ratschläge zu begrenzter Mobilität und der Sturzgefahr des Angehörigen	Hausarzt und/oder Physiotherapeut
Warme Mahlzeiten für den Angehörigen	Essen auf Rädern
Zwei Wochen Urlaub für sich selbst	Pflegeheim oder Einrichtungen, die eine Kurzzeitpflege übernehmen
Kontakte zu anderen Betreuerinnen	Einrichtungen, die Selbsthilfegruppen organisieren
Ratschläge zu Spannungen/ Konflikten mit anderen Angehörigen	Wohlfahrtspflege

stützung nicht beklagen kann. Es sind zugegebenermaßen extreme Beispiele. Obwohl Betreuerinnen im Grunde immer einige Unterstützung angeboten wird, zeigt es sich, daß diese im allgemeinen als enttäuschend erfahren wird.

Das erste Beispiel macht deutlich, daß die Pflege eines Angehörigen Spannungen in der Familie hervorrufen kann. Es kommt regelmäßig vor, daß sich Geschwister überwerfen aufgrund der Frage, welche Hilfe ihr Vater oder ihre Mutter benötigt und wer diese leisten soll.

> „Ich habe viel unter diesen Streitereien gelitten. Es belastet mich eigentlich mehr als die Stunden, die ich für die Pflege von Mutter aufwenden muß. Die Tatsache, daß sie mich regelmäßig spüren lassen, daß ich es nicht richtig mache, versetzt mir dann einen weiteren Schlag."

Ein Streitpunkt innerhalb der Familie ist die Frage, ob eine Einweisung in ein Heim wünschenswert oder notwendig ist. Es können zwei sich heftigst bekämpfende Lager entstehen, wenn einige von der Notwendigkeit einer Aufnahme überzeugt sind und andere der Ansicht sind, daß jeder sein Scherflein zur Pflege beitragen muß, so daß der Vater oder die Mutter so lange wie möglich zu Hause wohnen bleiben kann. Die Krankheit dieses Elternteils zwingt Geschwister vielfach zu einem Kontakt, der viel enger ist als der schützende Abstand von Geburtstagsfeiern und anderen festlichen Begegnungen. Alte Fehden können wieder aufleben, gut zugedeckte Traumata und Streitigkeiten aus der Kindheit können erneut aufbrechen, wenn neuerdings wie früher um die Gunst der(s) Eltern(teils) gestritten wird.

Die Krankheit eines Elternteils oder die Pflege eines behinderten Kindes kann auch in der eigenen Familie zu Spannungen führen. Die Kinder der Betreuerin möchten z. B. nicht „ihren Teil zur Pflege" von Großvater oder -mutter leisten und benutzen laut Meinung der Eltern jedesmal die Hausaufgaben als Entschuldigung. Zwischen Partnern können Auseinandersetzungen auftreten. „Wann sehe ich Dich denn noch, Du bist öfter bei Deinem Vater als bei mir. Du bist mit mir verheiratet, nicht mit Deinem Vater."

Kinder haben häufig gemischte Gefühle in bezug auf ihre behinderten oder kranken Geschwister. Einerseits haben sie Mitleid, andererseits sind sie eifersüchtig. Sie versuchen zu erreichen, daß ihre Eltern ihnen ebenfalls Aufmerksamkeit schenken und können sehr lästig werden oder sich gerade übertrieben brav verhalten. Einige Eltern reagieren ihre Frustrationen am gesunden Kind ab. „Ich bin immer schuld, ich mache nie etwas richtig."

Nicht jeder Helfer ist in der Lage, bei Streitigkeiten innerhalb der Familie zu helfen. Einige neigen dazu, leicht Partei zu ergreifen, andere fühlen sich gedrängt, dort zu vermitteln, wo dies ein unmögliches Unterfangen scheint. Von Helfern mit einer Vorbildung im Bereich der Psychologie oder des Sozialwesens – Psychologen und Sozialarbeiter – darf jedoch erwartet werden, daß sie der Betreuerin, die mit Beziehungsstreß in der Familie kämpft, helfen können. Es kommt darauf an, Menschen an einen Tisch zu bekommen und sie dazu zu bringen, wieder miteinander zu reden. Die Aufgabe des Helfers besteht in solchen Fällen lediglich darin, als neutraler Vorsitzender oder Gesprächsleiter zu fungieren. Er achtet darauf, daß die beteiligten Parteien einander ausreden lassen. Er faßt die Meinungen zusammen, wobei er die Standpunkte oder Ansichten möglichst positiv wiederzugeben versucht. Dabei wird er, falls möglich, von der Besorgnis um den oder der Pflege des hilfsbedürftigen Angehörigen ausgehen. Obwohl sie sich dessen meistens nicht bewußt sind, ist dieses den beteiligten Parteien gemein. Wenn die Beteiligten einsehen, daß sie sich in diesem Punkte einig, jedoch über die Lösung unterschiedlicher Meinung sind, ist oft bereits viel gewonnen. Viel schwieriger ist es, wenn Geld oder Güter (Wohnung) die Ursache der Uneinigkeit sind oder wenn alte Fehden – z. B. zwischen den Geschwistern – der wahre Grund des jetzigen Streits sind. Die Erfolgsaussichten sind in solchen Fällen nicht günstig. Der Helfer kann seine Aufmerksamkeit dann vermutlich besser auf etwas anderes richten: die Betreuerin psychisch zu rüsten, mit diesen Gegebenheiten umzugehen bzw. mit ihnen zu leben.

Auch bei Spannungen innerhalb der eigenen Familie wird am meisten erreicht, wenn die Beteiligten miteinander ins Gespräch gebracht werden. Einige Fragen sind dabei von Bedeutung. Was ist nach Ansicht jedes einzelnen das Problem? Welche Wünsche hat jeder einzelne (was erwartet man voneinander)? Liegt ein gemeinschaftliches Interesse vor und falls ja welches? Welche Lösungen gibt es für gemeinsame Probleme und für die jedes einzelnen und zu welchen Zugeständnissen ist jeder bereit?

Für Kinder ist es manchmal schwierig, an einer solchen künstlich herbeigeführten Situation aktiv teilzunehmen. Der Helfer kann den Vorschlag machen, daß ein Außenstehender, z. B. ein Lehrer oder ein guter Bekannter oder Freund das Kind vertritt – natürlich nach vorheriger Rücksprache mit dem Kind.

Hilfe bei der Aufrechterhaltung einer guten Beziehung mit dem zu pflegenden Angehörigen

> „Meine Mutter hat stets alles für mich getan. Ich bin Einzelkind, und sie ist immer gut und lieb zu mir gewesen. Sie hat in ihrer Jugend immer hart arbeiten müssen. Für mich wollte sie immer nur das Beste. Dann denke ich: ‚Ich bekomme später das Haus und das Grundstück. Ich muß mit niemandem teilen.' Das bekomme ich einfach so und jetzt kann ich doch sagen: ‚Ich habe meiner Mutter etwas zurückgegeben: Ich habe ihr einen schönen Lebensabend bereitet, in ihrer eigenen Umgebung.' Und wenn sie einen guten Tag hat, bemerkt sie vielleicht doch noch, daß sie sich in einem bekannten Umfeld befindet. Außerdem kann sie hier noch raus ins Freie und mit uns zusammen Tee trinken."

Die Belastbarkeit der Hauptbetreuerin wird insbesondere durch die Qualität der Beziehung mit dem Angehörigen bestimmt. Krankheit und Hilfsbedürftigkeit kann einander näher bringen und das Beste im Menschen wecken. Einige Betreuerinnen geben an, daß der Zeitraum, in der sie einer geliebten Person helfen konnten, einer der inhaltsreichsten und intensivsten ihres Lebens gewesen ist.
Ein Sohn, der seinen Vater pflegt:

> „Seit mein Vater krank ist, ist meine Beziehung zu ihm viel besser und intimer geworden. Er traut sich jetzt auch, von mir abhängig zu sein. Das ist mein größter Gewinn. Das sagte mir auch der Therapeut des Pflegeheims: ‚Ihr Vater vertraut Ihnen mehr als mir mein Vater vertraut, obwohl mein Vater geistig völlig gesund ist.' Zwischen meinem Vater und mir ist ein großes Stück mehr an Intimität gewachsen. Da mein Vater jetzt nicht mehr für sich eintreten kann, muß ich das jetzt machen, und ich mache es nicht, weil er alle möglichen Tricks anwendet, sondern weil ich ihn liebe."

Hilfsbedürftigkeit kann Menschen und ihre Beziehungen im positiven Sinne verändern. Das Gegenteil ist allerdings ebenso möglich: Einen anderen zu pflegen kann Menschen, die sich vormals eng verbunden fühlten, auseinander bringen. Sowohl das Gefühl, abhängig zu sein, als auch das Gefühl, daß jemand von einem abhängig ist, hat bei vielen keinen günstigen Einfluß auf die gegenseitige Beziehung. In dem Maße, wie die Hilfsbedürftigkeit zunimmt, geht man sich immer mehr auf die Nerven. Fremdes, störendes oder irritierendes Verhalten ist belastender, wenn Menschen aufeinander angewiesen sind.

Ein weiteres Faktum: Je überzeugter die Betreuerin ist, daß der Kranke sich absichtlich ärgerlich verhält, desto verstimmter wird sie werden.

> „Wenn Sie mich fragen, dann sind das lauter Sperenzchen und ich werde sehr wütend. Er fragt immer, wo die Toilette ist, nach dem Spülbecken fragt er andererseits nie. Und dann denke ich ab und zu: ‚Verdammt noch mal.' ‚Und wo ist die Toilette?', fragt er dann und reißt alle Türen auf, um zu sehen, wo die Toilette ist. Tut gerade so, als wüßte er es nicht. Dann habe ich das Gefühl, daß er es absichtlich macht, daß er einfach vorgibt, es nicht zu wissen, denn wenn er zum Spülbecken geht, kennt er den Weg genau. Sehen Sie, und dann sage ich mir doch: ‚Da stimmt etwas nicht.' Ich weiß zwar nicht, was für eine Krankheit er genau hat, aber daß es bedeutet, daß er manche Dinge weiß und andere nicht, so wird es doch wohl nicht sein."

Störendes Verhalten äußert sich auf vielerlei Arten: Selbstgespräche führen, schreien, stets Gegenstände verlieren, Drohungen äußern, wiederholt dieselbe Frage stellen und sich verbal oder physisch aggressiv verhalten. Solche Verhaltensweisen können viele Ursachen haben. Es kann mit der Problematik des Verarbeitens zusammenhängen. Wir besprachen bereits den Verarbeitungsprozeß der Betreuerin und die Gefühle, die dabei in ihr geweckt werden können. Wenn der Helfer der Betreuerin die Gefühle, die bei der Verarbeitung zutage treten können, erläutern kann und erklärt, daß diese Gefühle vielfach an der Person, die einem am liebsten und teuersten ist, abreagiert werden, wird das für die Betreuerin eine Erleichterung sein.

Lästiges Verhalten kann genauso durch die Krankheit selbst verursacht werden. Ein bekanntes Beispiel sind Halluzinationen bei einer Psychose. Man kann allerdings auch an alltäglichere

Ursachen denken wie Müdigkeit, Angst, Zorn, Schmerz oder eine schlaflose Nacht. Als Nebenwirkung bestimmter Medikamente kann jemand ebenfalls lästig werden. Helfer, die in solchen Fällen sofort die richtige Diagnose stellen, sind dünn gesät. Im weiteren Verlauf dieses Kapitels wird eine Methode besprochen, die bei der Analyse des Verhaltens, das als problematisch erfahren wird, gute Dienste leisten kann. Ich werde darüber hinaus darlegen, wie der Helfer der Betreuerin beibringen kann, besser mit Konflikten umzugehen.

Jetzt folgen einige mehr allgemeine Richtlinien oder Ratschläge, mittels derer Helfer Betreuerinnen helfen können, die mit Verhaltensweisen konfrontiert werden, die sie als lästig empfinden.

1. Raten Sie der Betreuerin, in der Anwesenheit des Kranken so ruhig wie möglich zu bleiben, wie schwer das oft auch ist. Nervosität, Wut, Launenhaftigkeit und Angst sind häufig ansteckend. Je stärker das Gefühlsthermometer steigt, desto größer ist die Wahrscheinlichkeit, daß der Thermostat des Kranken ebenfalls ansteigt. Betreuerinnen, die es sich zur Gewohnheit machen, ihre Spannungen anderenorts abzubauen, z. B. indem sie sich für kurze Zeit ins Bade- oder Schlafzimmer zurückziehen, können ruhiger auf das Verhalten des Angehörigen reagieren.
2. Nach allgemein vorherrschender Auffassung ist Langeweile Jugendlichen abträglich. Drogenmißbrauch, Vandalismus und andere Formen der Kriminalität werden oft als direkte Folge dessen angesehen. Langeweile macht auch hilfsbedürftige Menschen lästig. Helfer sollten deswegen mit der Betreuerin prüfen, ob der Angehörige ausreichende Beschäftigung hat, und falls nicht, ob das geändert werden kann. Wichtig ist, daß nach Aktivitäten gesucht wird, die der Angehörige (auch) allein durchführen kann und die er als vergnüglich und nützlich empfindet. Patientenvereinigungen, Organisationen für häusliche Pflege, Rehabilitationszentren und Beschäftigungstherapeuten von Pflegeheimen, Heimen für geistig Behinderte und Psychiatrien verfügen über viele Kenntnisse, um Menschen mit den unterschiedlichsten Leiden sinnvoll zu beschäftigen.
3. Es ist sinnvoll, die Betreuerin darauf hinzuweisen, daß häufig mehr erreicht wird, wenn auf die Gefühle reagiert wird

statt auf das Verhalten des Kranken oder auf das, was er sagt. Manchmal ist es kaum zu verstehen, warum der andere etwas macht oder was er sagt. Wenn sich die Betreuerin jedoch bemüht, zu fühlen, was der andere fühlt, wird sie besser in der Lage sein, adäquat zu reagieren. Wenn der Kranke z. B. die Betreuerin wütend anherrscht, sollte diese am besten kurz zusammenfassen, was ersterer sagte, und ihn anschließend bitten, noch präziser zu sagen, was ihn ärgert: „Ich verstehe, daß Du sehr zornig bist, kannst Du noch mehr über das, was Dich so ärgert, sagen?“ Danach faßt sie die Antwort wieder zusammen und fragt den kranken Angehörigen, was er möchte. Wahrscheinlich gibt es keine bessere Methode, wütende Menschen zu beruhigen als diese. Sie ist auf jeden Fall Strategien, die eine entgegengesetzte Wirkung haben, bei weitem vorzuziehen: auf den Inhalt reagieren, weglaufen, sich verteidigen, nonverbal Mißfallen zeigen (schnauben, geräuschvoll seufzen, o. ä.) oder ebenfalls zornig werden.

4. Jeder Mensch benötigt Raum und Freiheit, um seine Gefühle zu äußern. Das gilt auch für den hilfsbedürftigen Angehörigen. Der Helfer kann die Betreuerin darauf aufmerksam machen, daß sowohl sie selbst als auch der Kranke Nutzen daraus ziehen, wenn letzterer seine Gefühle äußern kann. Obwohl es keinesfalls einfach ist, sollte die Betreuerin sich anstrengen, den Angehörigen nicht mit den eigenen Ansichten, was in dieser Situation richtig oder normal ist, zu belästigen. Selbstverständlich kann sie den Kranken sehr wohl wissen lassen, was sie (noch) akzeptabel findet und was nicht mehr. Es hilft, wenn sie diese Grenzen in freundlichem, aber bestimmtem Ton aufzeigt.
5. Betreuerinnen können darauf aufmerksam gemacht werden, daß lästiges oder unangemessenes Verhalten des Kranken vielfach die Folge von streßreichen Situationen ist und daß es aus diesem Grund vernünftig ist, diese Situationen möglichst zu vermeiden. Jeder Mensch ist anders: was bei dem einen Streß hervorruft, tut dies bei einem anderen nicht. Einige Menschen empfinden etwas, das für andere eine Kleinigkeit darstellt, als eine große Beeinträchtigung: ein tropfender Hahn, ein bellender Hund, Zugluft. Eine Betreuerin weiß meistens, welche

Situationen für Spannung beim hilfsbedürftigen Angehörigen sorgen.

Möglicherweise verursacht die Betreuerin selbst bisweilen in wesentlichem Maße die Spannung beim Angehörigen, einfach deshalb, weil er sie fortwährend um sich weiß. Aus diesem Grund ist es empfehlenswert, daß Betreuerin und Kranker ab und zu Zeit für sich selbst haben.

Vernünftige Forderungen an sich selbst stellen

Menschen, die zum erstenmal eine Rede oder Lesung vor einem großen Publikum halten müssen, leiden unter Streß. Das Herz klopft, der Puls wird schneller, der Hals wird trocken und die Stirn und die Handflächen werden schweißfeucht. Werden diese Reaktionen des Körpers durch die Situation selbst verursacht? Nein. Wenn dem so wäre, müßte ein routinierter Redner dieselben Streßreaktionen zeigen. Es sind die *Gedanken*, die dem nichterfahrenen Redner einen Streich spielen; Gedanken wie „Hoffentlich weiß ich nachher meinen Text noch" oder „Meine Geschichte wird sie bestimmt nicht interessieren". Hinter solchen Gedanken steht vielfach eine sehr hohe Erwartungshaltung. „Ich darf keine Fehler machen" oder „Ich muß es jedem recht machen".

Auch viele Betreuerinnen haben Gedanken, die ihnen Streß bereiten. Als Experte bei einer Selbsthilfegruppe für pflegende Angehörige bat ich die Teilnehmer neulich, ihren Leidensgenossen einen oder mehrere Ratschläge zu geben, welche sie (noch) tief(er) in den Abgrund führen würden. Auf den ersten Blick ist das eine befremdende Bitte, aber sie ist weniger sonderbar, wenn dem hinzugefügt wird, daß es Ratschläge sein sollten, bei denen es um Gedanken oder Ansichten über den Pflegedienst geht, die sie in der Vergangenheit selbst ebenfalls hatten, die sie jedoch – durch Schaden klug geworden – fallenlassen mußten. In Schema 5 finden Sie eine Auswahl dieser „unklugen" Ratschläge.

Es dauert oft lange, bevor Betreuerinnen sich aus eigenem Antrieb bekehren und sich nicht mehr von diesen Gedanken,

Schema 5. Zwölf Leitlinien, um garantiert Probleme zu bekommen

- Belästigen Sie andere niemals mit Ihren Problemen, sondern machen Sie alles allein.
- Denken Sie, daß Sie immer sofort für den Kranken bereitstehen müssen.
- Verharmlosen Sie vor allem die Funktionseinschränkungen des hilfsbedürftigen Angehörigen, und hoffen Sie, daß es in Zukunft besser geht.
- Verwöhnen und beschützen Sie den Angehörigen.
- Versuchen Sie keinesfalls Informationen zu bekommen, wie Sie mit Leidensgenossen Kontakt aufnehmen können.
- Machen Sie sich fortwährend Sorgen über die Zukunft.
- Verzichten Sie auf Hobbys, und brechen Sie den Kontakt zu Freunden und Verwandten ab.
- Haben Sie Mitleid mit dem Kranken.
- Lassen Sie dem Angehörigen seinen Willen, und sagen Sie niemals, was Sie selbst gern wollen.
- Fragen Sie sich andauernd, was geschehen wird, wenn Sie selbst krank werden.
- Wenn Sie um Hilfe bitten, rechnen Sie fest damit, daß ihre Erwartungen genau erfüllt werden.
- Denken Sie: „Wie gut haben es andere doch im Vergleich zu mir."

die ihnen soviel Kummer bereiten, leiten lassen. Helfer können Betreuerinnen entlasten, indem sie ihnen helfen, sich in einem frühen Stadium von diesen krankmachenden Gedanken zu befreien. Der Helfer kann dabei das sogenannte ABC-Modell anwenden. Dieses von dem amerikanischen Psychotherapeuten Albert Ellis entwickelte Modell bildet die Grundlage für die rational-emotive Therapie, die z. Z. zu den am häufigsten angewandten Formen der Psychotherapie gehört.

Der zentrale Gedanke der rational-emotiven Therapie ist, daß unsere Reaktionen und Gefühle auf Ereignisse nicht so sehr durch die Ereignisse selbst bestimmt werden – wie leidig diese auch sein mögen –, sondern durch unsere Gedanken über die Ereignisse. Eine Situation oder ein Ereignis ist, so Ellis, selten oder nie die Ursache von Streß oder eines unangenehmen Gefühls, sondern stellt höchstens den Anlaß dar. Zwischen jedem Ereignis und der negativen Reaktion oder den Gefühlen steckt ein

Gedanke, eine eigene Sicht auf das Ereignis. Die Art, in der wir eine Situation betrachten, bestimmt, wie wir uns fühlen. In ABC-Termini ausgedrückt:

	Ereignis oder Situation	oder A (= action; aktivierendes Ereignis)
+	Gedanken oder Sicht	oder B (= belief; Betrachtung)
=	emotionale(s) Reaktion/Verhalten	oder C (= consequence; Konsequenz)

Ein Beispiel: Frau Baumann wird von ihrem Bruder kritisiert, wie sie ihre hilfsbedürftige Mutter pflegt. Das verstimmt sie sehr. Frau Langen hat ebenfalls einen Bruder, der ihre Art der Pflege ihrer Mutter kritisiert. Sie nimmt es gelassen.

Bei Frau Baumann führt die Kritik (= A) zu negativen Reaktionen (= C), weil sie denkt (= B): „Ich muß es allen, die für mich wichtig sind, recht machen; es ist furchtbar, daß mir das nicht gelingt“ und „Siehste, Du kannst eh nichts“.

Frau Langen bleibt gelassen, weil sie ganz andere Gedanken hat. Sie denkt: „Mein Bruder will offenbar genau wie ich das Beste für unsere Mutter, aber er kennt die Situation nicht so gut wie ich“ und „Wie sehr ich mich auch anstrenge, es ist unmöglich, es jedem recht zu machen“.

Ohne es zu wissen, quälen sich Menschen durch eine Vielzahl nicht realistischer, ungesunder Gedanken. Ihre Gefühlswelt ächzt unter der Last von *Denkfehlern* wie „Ich kann mich selbst nur achten, wenn ich von anderen immer Anerkennung erhalte“ oder „Alles muß klappen, wie ich es will“. Solche Gedanken sind belastend, weil es im Wesen Ansprüche sind, die an andere, an die Welt und an sich selbst gestellt werden. Dabei handelt es sich um Ansprüche, die übermenschlich oder unrealistisch hoch sind, wie „Jeder sollte sich mir gegenüber angemessen verhalten“ oder „Ich muß von jedem in jeder Hinsicht geschätzt werden“ oder „Ich darf keine Fehler machen“.

Der Helfer kann die irrationalen Gedanken der Betreuerin entdecken helfen und versuchen, diese durch vernünftigere Gedanken zu ersetzen. Diese neuen Gedanken werden durch zwei

Eigenschaften gekennzeichnet. Sie sind *wahr*, basieren auf objektiven Tatsachen: es dürfen keine Interpretationen sein. Das zweite Merkmal ist, daß sie der Person *helfen* sollen, sich so zu fühlen, wie sie sich gerne fühlen möchte. Die Anwendung des ABC-Modells geschieht folgendermaßen:

Der Helfer bittet die Betreuerin anfangs, ein Ereignis (A) zu nennen, das ihr viel Streß (C) bereitete. Anschließend bittet er

Schema 6. Fallbeispiel

A. Situation/ Ereignis	*B. (Unvernünftige) Gedanken*	*C. Gefühle/ Verhalten*
– Wo? – Wann? – Mit wem? Betreuerin erhält an ihrem Geburtstag keinen Blumenstrauß von ihrem hilfsbedürftigen Mann.	– Das ganze Jahr hindurch bin ich für ihn da, und dann scheint sogar ein Blumenstrauß zuviel verlangt zu sein. – Es ist einfach fürchterlich, daß er nicht an mich denkt.	Zornig Verstimmt
	D. Vernünftige Gedanken	*E. Gefühle/ Verhalten*
	– Unsinn, in den letzten Jahren hat er doch immer an einen Strauß gedacht. Übrigens zeigt er mir regelmäßig, wie dankbar er ist. – Möglicherweise hat er es einfach vergessen, jeder macht mal einen Schnitzer. – Wenn ich wissen möchte, warum er nicht für einen Blumenstrauß gesorgt hat, muß ich ihn fragen. – Meinem Mann negative Motive zu unterstellen ist nicht hilfreich, um mich zu beruhigen.	Ruhiger Enttäuscht

sie, anzugeben, welche Gefühle das waren bzw. welche Reaktionen das Ereignis verursachte (z. B. weglaufen oder weinen?).

Der dritte Schritt besteht darin, die Betreuerin zu fragen, welche Gedanken sie bei dem Ereignis hatte. Danach ergänzt der Helfer das ABC-Model durch die Buchstaben D und E. Das E steht für (den gewünschten) Effekt oder aber wie sich die Betreuerin bei besagtem Ereignis am liebsten fühlen würde. Wenn der Helfer die Betreuerin fragt, welche Gefühle sie vorzugsweise gerne hätte, antwortet diese meistens sinngemäß mit „entspannter" oder „ruhig". Schließlich bittet er sie, die Gedanken unter B einem wahren Kreuzverhör zu unterziehen. Wenn diese Gedanken vor der Kritik nicht bestehen können, wird die Betreuerin gebeten, diese Gedanken durch wahrheitsgetreuere und/oder hilfreichere Gedanken zu ersetzen. Diese werden unter D (von „dispute", das englische Wort für „Auseinandersetzung") aufgeführt.

Es scheint alles sehr einfach, in der Praxis erfordert es jedoch einige Übung, sich diese Methode anzueignen.

Hilfe beim Erlernen assertiver Verhaltensweisen

> „Es ist auch seine Mutter, deswegen trägt er doch eine Mitverantwortung. Aber ich muß alles alleine machen. Und es ist doch eine ungeheure Verantwortung. Ich würde diese gerne teilen. Wenn wir nur darüber sprechen könnten, würde es schon viel ändern. Lange Zeit war ich der festen Überzeugung, daß er mit Hand anlegen müßte. In der Hinsicht war ich sehr dickköpfig, denn das hofft man jedesmal aufs neue. Auch als Mutter im Krankenhaus lag, besuchte er sie zwar dort, aber all die Dinge, die geregelt werden mußten, die Betreuung und Pflege für zu Hause organisieren, mit Ärzten sprechen, die mußte ich alleine machen; solche Sachen sind emotionsgeladen und sehr schwierig. Es wäre schön, wenn er mitginge, auch wenn er stillsitzen und schweigen würde. Hauptsache, er ginge mit. Das wäre ein riesiger Unterschied. Einfach das Gefühl zu haben, es nicht alleine machen zu müssen."

Wir Menschen sind soziale Wesen. Genau wie Affen sind wir eigentlich Herdentiere. Vor allem wenn wir Probleme haben, benötigen wir andere Menschen. Betreuerinnen haben, so belegen Studien, weniger Streß, wenn sie sich moralisch unterstützt fühlen. Soziale Unterstützung fungiert als Puffer gegen Streß.

Um Unterstützung von anderen zu erhalten, sind soziale Fähigkeiten nötig. Menschen eilen nur selten aus eigenem Antrieb zu Hilfe. Um Hilfe bitten ist nicht ausreichend; es sollte auch in der richtigen Art und Weise geschehen, sonst hat es keine oder sogar eine entgegengesetzte Wirkung. Die soziale Fähigkeit, die besonders wichtig ist, um Unterstützung von anderen zu erhalten, ist: *Assertivität.*

Einige Menschen mögen diesen Begriff nicht. Für sie kommt Assertivität Egoismus gleich. Für andere ist er eng mit Aggressivität verwandt, d. h. die Ellenbogen einsetzend und andere überrollend auf den eigenen Vorteil oder das eigene Glück bedacht sein. Jedoch hat Assertivität nichts mit Egoismus oder Aggressivität zu tun. Die Definition von Assertivität lautet: *für sich selbst eintreten, ohne andere zu benachteiligen.* Anstatt den anderen zu beschuldigen, in die Ecke zu drängen oder unnötig zurechtzuweisen, bedeutet assertives Verhalten, auf eine angemessene Weise wissen zu lassen, was man möchte, *unter Beibehaltung des Respekts vor dem anderen.*

Menschen, die zu wenig assertiv sind, haben im Grunde wenig Respekt vor ihren eigenen Bedürfnissen, sie ordnen diese immer den Bedürfnissen anderer unter. Indem sie die eigenen Gefühle, Gedanken und Wünsche nicht ehrlich, direkt und deutlich äußern, gestatten sie es anderen, auf sie keine Rücksicht nehmen zu müssen.

Assertivität ist nicht nur notwendig, um soziale Unterstützung zu bekommen; diese Fähigkeit ist auch beim Umgang mit und insbesondere beim Vermeiden von Konflikten von entscheidender Bedeutung. Streitereien mit dem Kranken und/oder anderen Angehörigen oder Verwandten kosten viel Energie. Für Betreuerinnen ist ein gewisses Maß an Assertivität deswegen ein Gegenmittel gegen Streß. Schließlich ist Assertivität notwendig, um – wie die Definition schon sagt – für sich selbst eintreten zu können. Eine zu wenig assertive (subassertive) Betreuerin läuft Gefahr, vom hilfsbedürftigen Angehörigen oder anderen Angehörigen, die sie in Anspruch nehmen, „untergebuttert" zu werden. Subassertives Verhalten hat oft mit allerlei unbewußten, irrationalen Gedanken zu tun wie diejenigen, die im vorigen Abschnitt aufgeführt wurden. Ein Beispiel:

„Seit mein Mann vor einem Monat ins Pflegeheim aufgenommen wurde, hat mich meine jüngste Schwester kein einziges Mal besucht. Sie läßt mich schön hängen, ich fühle mich so allein und elend. Ich würde sie sogar anrufen wollen, um zu fragen, ob sie einmal vorbeikommen könnte, aber ich traue mich nicht recht. Sie denkt dann bestimmt, daß ich ihr meine Probleme aufhalsen möchte."

Der letzte Passus ist eine Veranschaulichung eines irrationalen Gedankens. Andere Beispiele irrationaler Gedanken sind:

- „Wenn ich sage, was ich möchte, finden mich andere nicht nett."
- „Um Hilfe bitten ist ein Zeichen von Schwäche, die Menschen haben dann keinen Respekt mehr vor Dir."
- „Jeder Mensch muß selbst sehen, wie er zurechtkommt."
- „Hilfe muß einem spontan von anderen angeboten werden, sonst ist die Hilfe doch nicht echt."

Der Gedanke, der sich hinter subassertivem Verhalten verbirgt, ist vielfach „meine Gedanken und Wünsche sind unwichtig, nur Deine zählen". So ganz uneigennützig ist der Gedanke jedoch nicht, denn dahinter steckt häufig die Botschaft „Ich bin nett zu Dir, sei deswegen im Gegenzug auch nett zu mir: liebe mich!"

Aggressives Verhalten wird oft ebenfalls durch irrationale Gedanken gesteuert: „Wenn ich nicht zornig werde, geschieht doch nicht, was ich will" oder „Wenn ich Hilfe brauche, habe ich immer das Recht, diese zu erzwingen". Die Botschaft dieser Menschen ist oft: „Das will ich, was Du möchtest ist unwichtig."

Es ist ein notwendiger erster Schritt, solche irrationalen Gedanken ausfindig zu machen und anzugehen, um Betreuerinnen beizubringen, sich assertiver zu verhalten.

Der zweite Schritt besteht darin, die Betreuerin mit bestimmten kommunikativen Fähigkeiten vertraut zu machen. Beim Fragen nach sozialer Unterstützung werden andere Fähigkeiten benötigt, als beim Umgang mit Konflikten und wenn jemand für sich selbst eintritt.

Das Fragen nach *sozialer Unterstützung* verläuft in drei Schritten:

1. Die Betreuerin erzählt zuerst, sie habe ein Problem oder eine Frage:
   - „Hast Du kurz Zeit, mich bedrückt ein Problem",
   - „Ich habe eine Frage".
2. Die Betreuerin spricht das Problem deutlich, direkt und unumwunden aus:
   - „Seit mein Mann aufgenommen wurde, fühle ich mich manchmal so allein und von Gott und aller Welt verlassen."
3. Die Betreuerin sagt, was sie vom anderen möchte:
   - „Ich brauche ab und zu jemanden, der mir sein Ohr leiht. Würdest Du bitte im nächsten Monat einmal pro Woche, auch wenn es nur eine Stunde ist, vorbeikommen, um meine Geschichte zu hören oder um einfach so ein wenig miteinander zu reden".

Um für *sich selbst einzutreten und um Konflikte zu handhaben* und zu vermeiden, ist die nachstehende wxyz-Technik sehr brauchbar:

w. Die Betreuerin spricht ihre Gefühle aus:
   - „Für mich ist es unerfreulich, wenn..." oder „Es bekümmert mich jedesmal, wenn..."

x. Die Betreuerin spricht das Verhalten des anderen an:
   - „Für mich ist es unerfreulich, wenn Du morgens das Schlafzimmerfenster nie aufmachst",
   - „Es bekümmert mich jedesmal, wenn Du hierher kommst und mir lediglich sagst, was ich falsch mache".

y. Die Betreuerin benennt die Folgen, die das Verhalten des anderen für sie hat:
   - „Für mich ist es unerfreulich, wenn Du morgens das Schlafzimmerfenster nie aufmachst. Dadurch macht sich im ganzen Haus ein abgestandener Schlafzimmergeruch breit",
   - „Es bekümmert mich jedesmal, wenn Du hierher kommst und mir lediglich sagst, was ich falsch mache. Es kostet mich jedesmal Tage, mein inneres Gleichgewicht wiederzugewinnen".

z. Die Betreuerin sagt, was sie vom anderen möchte:
- „Ich möchte, daß Du in Zukunft morgens das Schlafzimmerfenster öffnest. Du tust mir damit einen großen Gefallen“,
- „Ich möchte, daß Du nicht jedesmal übermäßig an mir Kritik zur Pflege von Vater übst. Ich möchte auch ab und zu positive Dinge hören“.

Viele subassertive Menschen äußern sich erst, wenn sie sich bereits einige Zeit innerlich geärgert haben. Sie tun dann auf unkontrollierte Art und Weise ihre Unzufriedenheit kund. Um dies zu vermeiden, ist es wichtig, in einem so frühen Stadium wie möglich – wenn sich die Person also noch völlig unter Kontrolle hat – zu sagen oder zu erbitten, was sie möchte. Wenn sie wartet, bis es fast zuviel für sie wird, ist es kaum noch möglich, gemäß der hier beschriebenen Methode zu handeln.

Es ist nicht ratsam, die Betreuerin beim Üben von assertivem Verhalten gleich am Anfang etwas machen zu lassen, was für sie sehr schwierig ist. Wie jedesmal, wenn etwas Neues gelernt werden soll, heißt die Devise: einfach anfangen. Der Helfer, welcher der Betreuerin helfen möchte, assertiver zu werden, kann sie bitten, eine Anzahl Situationen zu benennen oder schriftlich festzuhalten, in denen sie assertiver hätte sein wollen bzw. sein möchte. Anschließend fordert er sie auf, diese Situationen nach dem Schwierigkeitsgrad zu ordnen (s. Schema 7). Die Betreuerin wird gebeten, dies hier ebenfalls zu tun.

Den Betreuenden lehren, auch für sich selbst zu sorgen

Durch die Pflege des hilfsbedürftigen Angehörigen erleidet die eigene Gesundheit häufig Einbußen. Der halbjährliche Besuch beim Zahnarzt wird vergessen, ebenso der jährliche Besuch beim Augenarzt, Vorsorge- oder Kontrolluntersuchungen (Arthritis, Diabetes, usw.) werden aufgeschoben und ein leichtes Fieber oder eine leichte Grippe wird nicht auskuriert. Viele haben kaum die Zeit für ein eigenes Hobby oder einen Augenblick der Entspannung. Auf lange Sicht kann die Vernachlässigung der Pfle-

Schema 7. Assertivitätsskala einer älteren Betreuerin, die ihren Mann pflegt, der wegen eines Schlaganfalls halbseitig gelähmt ist

1. Meinen Mann loben, wenn er einmal nicht trinkt (Alkohol).
2. Meinen Mann bitten, im Wohnzimmer in Zukunft nicht mehr zu rauchen.
3. Meinem Mann sagen, daß er aufhören soll, Bemerkungen über das Essen, das ich für ihn koche, zu machen.
4. Gebäck, das mir zum Kaffee angeboten wird, ablehnen.
5. Meinem Bruder sagen, daß ich mich einsam und elend fühle.
6. Meinem Mann mitteilen, daß ich müde bin und mittags eine Stunde schlafen möchte.
7. Wenn Gäste mir anbieten, beim Geschirrspülen zu helfen, ihr Angebot nicht mehr ausschlagen.
8. Selbst die Initiative ergreifen und mich entschuldigen bei einem außer Kontrolle geratenen Streit.
9. Meinen Mann zurechtweisen, wenn er sich in Gesellschaft anderer eine Zigarette ansteckt, wenn andere noch beim Essen sind.

(1. = einfach, 9. = schwierig)

ge der eigenen Gesundheit sehr negative Folgen haben. Der Helfer sollte deswegen mit der Betreuerin besprechen, ob diese in ausreichendem Maße für sich selbst sorgt und ob sie diese Zeit hat und sich nimmt. Den Rat, auch für sich selbst zu sorgen, zu befolgen, wird für manch eine Betreuerin schwierig sein, weil dafür oft erst viele Schwierigkeiten überwunden werden müssen. Im folgenden Abschnitt wird eine Methode geliefert, welche Helfer und Betreuerinnen in die Lage versetzen, gemeinsam nach Wegen zu suchen, um den Pflegedienst zu erleichtern, so daß die Betreuerin auch ab und zu Raum und Zeit für ihre eigenen Wünsche und Bedürfnisse erhält.
Die Eltern einer schwer depressiven Tochter:

> „Wenn sie immer nur auf dem Sofa liegt, sollten wir uns dann gerade aufregen oder sie sitzen lassen? Wir wußten es nicht mehr. Die Psychologin, bei der unsere Tochter in Behandlung war, sagte zu uns: ‚Denken Sie daran, vergessen Sie sich selbst nicht, Sie müssen weiterhin Ihr eigenes Leben führen.' Wir gingen daraufhin öfter aus und ließen ihr auch ihren Freiraum. Das funktionierte zu Beginn überhaupt nicht, denn Dein Gefühl widersetzt sich, Du machst Dir um Dein Kind Sorgen, Du willst es nicht im Stich las-

sen. Aber wenn Du siehst, daß es funktioniert, dann geht es. Wenn ich abends weggehe, kommt sie eigentlich gut zurecht. Und für einen selbst ist es eine Befreiung" (Borgius, 1994).

„Sorgen Sie auch gut für sich selbst" wird Betreuerinnen oft erklärt. Dieser Rat ist jedoch zumeist schwierig zu befolgen, weil dessen Inhalt so schwammig und vage ist. Um es ein wenig deutlicher zu machen, sind nachstehend einige konkrete Ratschläge aufgeführt. (Wir wenden uns dabei von der Formulierung her direkt an die Betreuerin.)

- Versuchen Sie, den Angehörigen in einem frühen Stadium daran zu gewöhnen, daß ihm durch mehrere Menschen geholfen wird. So vermeiden Sie, daß er später glaubt, Sie seien die einzige Person, die ihm helfen kann.
- Bedenken Sie, daß das Organisieren von Hilfe im Vergleich zu dem, was Sie dafür zurückerhalten, anfangs vielleicht mehr Zeit und Anstrengung kostet. Auf lange Sicht zahlt es sich jedoch für Sie aus. Es hilft zu vermeiden, daß Sie vollkommen isoliert werden. Sie haben ihre Kontakte darüber hinaus bitter nötig, wenn der Betreute stirbt. Die Verarbeitung dieses Verlustes und einen neuen Anfang zu machen ist besonders schwierig, wenn Sie nicht auf Ihr soziales Umfeld zurückgreifen können.
- Seien Sie nicht zu behilflich. Der hilfsbedürftige Angehörige braucht Bewegung und Übung. Verlassen Sie das Zimmer oder wenden Sie den Blick ab, wenn Sie aufgrund des Tempos des anderen ungeduldig werden. Nehmen Sie ihm genausowenig etwas ab, wenn Sie meinen, es gehe mühsam. Mitleid ist kein guter Ratgeber.
- Versuchen Sie sich regelmäßig Ihrer eigenen Gefühle bewußt zu werden. Nehmen Sie sich dafür ab und zu die Zeit. Häufig hilft es, sich bei jemandem, zu dem Sie Vertrauen haben, auszusprechen. Versuchen Sie auch Ihren negativen Gefühlen wie Schuld, Scham und Eifersucht ins Auge zu sehen. Fressen Sie sie nicht in sich hinein. Es ist sowohl für Sie selbst als auch für Personen in Ihrem nächsten Umfeld schädlich. Wenn Sie lieber nicht über Ihre Gefühle sprechen möchten, hilft es Ihnen vielleicht, diese zu Papier zu bringen, z. B. in einem Tagebuch.

- Bedenken Sie, daß es viel Anstrengung kostet, mehr Freiraum für sich selbst zu schaffen, wenn Sie bereits seit Jahren durch die Pflege eines anderen völlig vereinnahmt werden. Es ist völlig normal, daß Sie nervös werden und Schuldgefühle bekommen, wenn Sie diese Lebensweise zu ändern versuchen, wobei am besten Schritt für Schritt vorgegangen werden sollte. Zunächst kann z. B. alle vierzehn Tage ein Nachmittag eingeplant werden, um Besorgungen zu machen oder dem Lieblingshobby nachzugehen.
- „Gönnen" Sie sich jeden Tag etwas, so daß Sie etwas haben, auf das Sie sich freuen können. Beispiele: jeden Tag eines ihrer Enkelkinder anrufen, eine halbe Stunde lang Klavier spielen oder ungestört Musik hören, eine Zeitschrift oder ein Buch lesen, einen Spaziergang machen, im Garten arbeiten.
- Wenn sich ein neues Problem einstellt, versuchen Sie über die Frage nachzudenken, ob Sie zusätzliche Hilfe brauchen. Akzeptieren Sie nicht zu rasch, daß Sie es selbst machen müssen. Sprechen Sie mit anderen darüber.
- Versuchen Sie Ihre Gefühle nicht zu verurteilen. Gefühle sind weder gut oder schlecht, noch richtig oder falsch. Versuchen Sie ebenfalls, sich nicht mit anderen zu vergleichen. Jeder Mensch ist unterschiedlich, jeder erlebt die Situation anders. Was der eine gelassen hinnimmt, macht den anderen zornig. Machen Sie sich keine Vorwürfe hinsichtlich der Gefühle, die Sie haben.
- Bedenken Sie, daß nur wenige Menschen Gedanken lesen können. Versuchen Sie deswegen immer, so deutlich wie möglich zu sagen, was Sie denken und fühlen. Seien Sie sich auch bewußt, daß viele Außenstehende ein falsches Bild von Ihrer Situation haben. Ihr Urteil beruht vielfach auf einer Momentaufnahme. Erwarten Sie nicht ohne weiteres, daß sie den (langen) Zeitraum davor und danach in ihre Meinungsbildung einbeziehen, es sei denn, Sie haben ihnen davon erzählt.
- Ihre Bedürfnisse und Wünsche kollidieren häufig mit denen des Betreuten. Versuchen Sie, sich selbst nicht immer zu vernachlässigen und probieren Sie nicht, unfehlbar zu sein. Es ist besser, zu geben und zu nehmen oder aber das „Elend ehrlich zu teilen". Auf lange Sicht ist das für beide Partner das beste.

- Vermeiden Sie, in die Isolation zu geraten. Wenn es unmöglich ist, andere zu besuchen, laden Sie andere ein, zu Ihnen zu kommen. Erklären Sie ihnen ehrlich, weshalb es für Sie schwierig oder unmöglich ist, selbst zu kommen. Kümmern Sie sich nicht um das, was diese über Sie, Ihren hilfsbedürftigen Partner oder Ihr Haus sagen oder denken werden. Das Wichtigste ist, daß Sie Gesellschaft haben. Übrigens ist es ebenfalls im Interesse des Angehörigen, daß Sie Kontakte zur Außenwelt pflegen: es bereichert auch sein Leben.
- Jemanden zu pflegen heißt nicht nur Kummer und Sorge. Im Gegenteil, Sie können der Pflege auch viel Freude und Zufriedenheit abgewinnen. Versuchen Sie auch die positiven Seiten des Pflegens zu sehen. Genauso wie es wichtig ist, mit anderen über Ihre negativen Gefühle zu sprechen, ist es auch nützlich, andere an Ihren Glücksgefühlen, an den Augenblikken der Freude, an der Befriedigung, die Sie durch die Pflege erfahren, teilhaben zu lassen. Haben Sie keine Angst, daß Sie der Prahlerei oder Eitelkeit beschuldigt werden. Denken Sie eher „geteilte Freude ist doppelte Freude".
- Es ist ein Irrtum, zu glauben, daß es für jedes Problem immer nur eine (perfekte) Lösung gibt. Es gibt fast immer für jedes Problem mehrere Lösungen. Lassen Sie Ihrer Phantasie freien Lauf und lassen Sie sich dabei nicht von eventuellen Hindernissen oder Schwierigkeiten leiten. Wählen Sie danach erst die zwei oder drei Lösungen aus Ihrer Liste aus, die Ihnen am meisten zusagen, und wägen Sie deren Vor- und Nachteile ab. Wählen Sie danach erst die Lösung. Sie werden sehen, daß Sie so in vielen Fällen zu einer guten Lösung kommen.

Hilfe beim Problemlösen

Kennzeichnend für einen professionellen Helfer ist seine *methodische* Vorgehensweise. Sein Handeln ist nicht willkürlich oder zufällig. Es verläuft nach einem Plan: er durchläuft in einer festen Reihenfolge eine Anzahl Schritte. In der Praxis arbeiten viele Helfer leider gar nicht oder kaum methodisch. Sie stellen dem Klienten, der zu ihnen kommt, einige Fragen (ohne dabei zu erklären, weshalb sie diese Fragen stellen) und geben anschließend eine oder mehrere Lösungen oder Ratschläge. Der Klient wird bei der Lösung seines Problems kaum einbezogen. Der Helfer verrichtet die meiste Denkarbeit. Er verarbeitet in aller Stille die Antworten auf die Fragen, die er stellt – wobei er es vielfach unterläßt, den Klienten zu fragen, ob er alles gut gehört oder interpretiert hat –, er stellt stillschweigend eine Diagnose und findet selbständig die Lösung. Je intelligenter und kreativer der Helfer ist, desto größer ist die Gefahr, daß er im Alleingang beschließt, was das beste für den Klienten ist. Dieselben Helfer müssen jedoch auch zu ihrer Enttäuschung oft feststellen, daß ihre Ratschläge nicht befolgt werden und ihre Lösungen nicht funktionieren.

Wir werden jetzt eine Problemlösungsmethode beschreiben, die das Risiko solcher Enttäuschungen auf ein Minimum beschränkt. Die Methode besteht aus zwölf Schritten (s. Schema 8), die der Helfer gemeinsam mit der Betreuerin bei auftretenden Problemen durchläuft. (Der aufmerksame Leser wird bemerken, daß einige Schritte dieser Methode bereits bei den oben angeführten Ratschlägen genannt wurden.)

Schema 8. Die zwölf Schritte des Problemlösens

1. Versuchen, die Situation durch die Brille der Betreuerin zu sehen
2. Probleme ordnen
3. Ein Problem auswählen
4. Das Problem klar und deutlich umschreiben
5. Betreuerin nach ihren Gefühlen beim Problem fragen
6. Gemeinsam das Problem analysieren
7. Gemeinsam Lösungen suchen
8. Auswahl einer Lösung
9. Mentale Vorbereitung auf die Durchführung
10. Unterstützung suchen
11. Zeitplanung
12. Durchführung und Bewertung

Das schrittweise Vorgehen, so zeigt sich, führt häufig zu sehr guten Ergebnissen. Zu einem wichtigen Teil rührt dies daher, daß der Klient voll an der Lösung seines Problems beteiligt wird. Eine

Eigenschaft der meisten Menschen ist, daß sie viel eher bereit sind, Energie in etwas zu stecken, was sie selbst ausgedacht haben, als Vorschläge anderer Personen umzusetzen. Die hier dargelegte Methode berücksichtigt diese Eigenart des Menschen. Die Initiative wird nämlich gezielt der Betreuerin überlassen. Damit wird vermieden, daß diese vom Helfer abhängig wird und daß das Selbstvertrauen einen (weiteren) Dämpfer erhält.

Schritt 1: Die Situation durch die Brille der Betreuerin sehen

Untersuchungen belegen, daß viel Hilfe von Fachleuten den Wünschen und Vorstellungen der Betreuerinnen nicht gerecht wird (Duijnstee, 1992). Viele Angehörige fühlen sich nicht verstanden. Im ersten Gespräch zwischen Helfer und Betreuerin läuft es oft schon schief. Der Grund: der Helfer versetzt sich unzureichend in die Situation des anderen. Von entscheidender Bedeutung für den Ausgang des Gesprächs ist, gleich zu Beginn die Situation durch die Brille der Betreuerin zu sehen. Das wichtigste Hilfsmittel dabei ist, regelmäßig Zusammenfassungen zu geben – am besten mit eigenen Worten (= paraphrasieren). So wird vermieden, daß Dinge falsch interpretiert werden und Entscheidendes nicht beachtet wird. Wenn der Helfer nicht korrekt zusammenfaßt, wird er ja sofort von der Betreuerin korrigiert werden.

Wenn die Betreuerin mit ihrer Geschichte anfängt, sollten die ersten Zusammenfassungen ziemlich lang sein. Der Helfer erhält nämlich viele neue Informationen innerhalb kurzer Zeit, die er verarbeiten muß. Wenn das Gespräch fortschreitet, können die Paraphrasen allmählich kürzer werden. Ein Beispiel:

„Wenn ich Sie richtig verstehe, wissen Sie nicht recht, wie es jetzt weitergehen soll.“ Durch solch eine knappe Zusammenfassung bemerkt die Betreuerin, daß sich der Helfer bemüht, die Situation zu verstehen. Sie hat das Gefühl, daß ihr zugehört wird, daß ihre Geschichte ernst genommen wird. Das schafft ein Klima, durch das sie im weiteren Verlauf des Gesprächs wahrscheinlich bereit sein wird, seiner Meinung zuzuhören.

Sich in den anderen zu versetzen ist nicht einfach. Der Helfer muß seine eigenen Gedanken und Interpretationen ausschließen, mit der eigenen Meinung zurückhalten, einen Augenblick lang nicht an Lösungen denken. Es erfordert aus diesem Grund viel Anstrengung, Einfühlungsvermögen, Geduld und Konzentration. Diese Art des Zuhörens wird deswegen auch manchmal mit *aktiv Zuhören* umschrieben.

Die sinngemäße Wiedergabe des Gesagten ist ein wichtiger Bestandteil des aktiven Zuhörens, aber es ist nicht damit gleichzusetzen. Zuhören bringt auch mit sich: hören, wie Dinge gesagt werden, auf den Tonfall, die Worte und Gebärden achten.

Schritt 2: Probleme ordnen

Indem er die Situation durch die Brille der Betreuerin sieht, schafft der Hilfeleistende die für die Hilfeleistung essentielle Vertrauensbasis. Die Betreuerin fühlt sich verstanden und unterstützt, obwohl ihre Probleme damit natürlich noch nicht aus der Welt geschafft sind.

Der nächste Schritt besteht darin, die Probleme zu ordnen. Dieser Schritt schließt unmittelbar an Schritt 1 an, die beiden Schritte überlappen sich sogar teilweise. Dadurch, daß er in Schritt 1 das Gesagte regelmäßig zusammenfaßt, ordnet ja der Hilfeleistende bereits. Jedesmal wenn die Betreuerin ihre Gedanken nochmals verkürzt hört, nimmt das Chaos in ihrem Kopf ein wenig ab, es wird (eine beginnende) Ordnung geschaffen.

Auf die Frage des Helfers „Was bedrückt Sie?" oder „Aus welchem Grund sind Sie (jetzt) zu mir gekommen?" wird die Betreuerin häufig mit einem kaum zu unterbrechenden Redefluß reagieren. Endlich kann sie ihre Probleme loswerden. Sämtliche aufgestauten Emotionen und Spannungen können sich entladen. Ihre Erzählung ist oft chaotisch und meistens nicht sehr deutlich. Menschen, die unter großer innerer Anspannung leben, sind vielfach wenig präzise über das, was ihnen widerfährt. Sie haben das Gefühl, daß sie die Kontrolle über ihr Leben verloren haben. Sie übertreiben manchmal, nicht um zu imponieren, sondern um deutlich zu machen, daß die Not sehr groß ist. Wenn der Helfer um eine Erklärung bittet – „Was genau macht es so schwer?" –, dann wird die Betreuerin oft sinngemäß antworten: „Alles, die gesamte Situation, ich schaffe es nicht mehr, wenn jetzt nicht etwas geschieht, breche ich morgen oder übermorgen zusammen." Sie muß dann zuerst einmal von der Vorstellung befreit werden, sie müsse es *allein* bewältigen.

Wichtiger ist jedoch: ihr das Gefühl zu nehmen, sie habe die Situation nicht mehr im Griff. Ordnung in die vielen Fakten zu bringen, wirkt hier wie Balsam.

Wie sollte geordnet werden? Der Helfer kann alles, was als belastend erfahren wird, der Reihe nach durchgehen, indem er sich den Tagesablauf der Betreuerin beschreiben läßt. Er verschafft sich eine Übersicht über alle Aktivitäten und Geschehnisse eines 24-Stunden-Tages. Bei dieser Bestandsaufnahme werden nicht nur alle Handlungen, sondern auch die Emotionen und (psychischen) Sorgen beachtet.

Das Zusammenfassen muß sich nicht auf mündliche Kommunikation beschränken. Häufig ist es zweckmäßig, mit Papier und Bleistift zu arbeiten und die Probleme, welche die Betreuerin nennt, aufzuschreiben. Meistens führt eine solche Bestandsaufnahme zu vier bis zehn Problemen. Eine Liste von sechs Problemen ist z. B.:

- wegen Inkontinenz regelmäßig die Hose wechseln müssen;
- die ständige Angst, daß der Angehörige in einem unbewachten Augenblick stürzt oder etwas Gefährliches macht;
- Unverständnis und verschlechtertes Einvernehmen mit anderen Angehörigen: „Vater ist zu viel mehr in der Lage als Du sagst, Du nimmst ihm zuviel ab";
- mangelnde Anerkennung: „Ich höre immer nur das, was ich nicht richtig mache";
- Angst vor körperlicher Gewalt: „Wenn er zornig wird, ist er noch sehr stark";
- chronische Müdigkeit: „Weil ich niemals zur Ruhe komme, auch nachts nicht, denn dann werde ich mindestens dreimal durch ihn geweckt".

Die Tatsache, daß sich der Helfer die Mühe macht, eine Übersicht über alles zu erstellen und die Quellen der Belastung ausfindig gemacht und benannt hat, ist an sich bereits sinnvoll. Die Probleme scheinen jetzt greifbarer und werden damit auch besser handhabbar.

Schritt 3: Ein Problem auswählen

Das Geheimnis des Problemlösens liegt in vielen Fällen zu einem Großteil darin, *Schritt für Schritt* vorzugehen, daß man also nicht alles gleichzeitig angehen oder verändern möchte. Man muß sich entscheiden. Ein Krieg an mehreren Fronten ist oft schwer zu gewinnen. Man erreicht am meisten, wenn man sich stets auf ein einziges Problem konzentriert. Der Betreuerin ist am meisten damit gedient, wenn das größte Problem angegangen wird. Nicht selten zeigt es sich, daß alle anderen Probleme verblassen, wenn ein dringendes gelöst wurde.

Ein Beispiel: Eine alleinstehende Frau im mittleren Alter kam völlig verstört und ratlos zu einem Sozialarbeiter: sie war der Pflege ihres im Hause wohnenden Vaters nicht mehr gewachsen. Als der Sozialarbeiter alles der Reihe nach durchgegangen war und nach den Wünschen der Frau fragte, zeigte sich, das Hauptproblem sei, daß ihr häufig viel zu wenig Zeit für sich selbst blieb. Ihr Lieblingshobby – Malen – hatte sie bereits seit zwei Jahren nicht mehr ausüben können. „Hätte ich doch an zwei Tagen in der Woche drei Stunden, um den Schuppen und den Zaun streichen zu können!" Dadurch, daß ein Freiwilliger für zwei Mittage als Aufsichtsperson eingesetzt wurde, war diese Frau, wie sie es selbst formulierte, „völlig befreit".

Wie wird festgestellt, welches das größte Problem ist? Die Antwort ist einfach: indem die Betreuerin gefragt wird „Was ist Ihr größtes Problem?". Einige Menschen (u. a. auch Helfer) mögen das Wort „Problem" nicht. Statt dessen kann genauso gefragt werden: „Was bedrückt Sie am meisten" oder „Was bereitet Ihnen die größten Sorgen?". Auf jeden Fall sollte die Frage einen Superlativ (meisten, schlimmsten, größten) beinhalten. Sogar wenn die Antwort nur allzu naheliegend ist, darf es aus zweierlei Gründen nicht unterlassen werden, diese Frage zu stellen. Einerseits zwingt eine Frage mit einem Superlativ die Betreuerin (ein weiteres Mal) zu ordnen. Andererseits ist auch der beste Helfer kein Hellseher. Wenn er die Probe aufs Exempel macht und die bewußte Frage stellt, zeigt es sich manchmal zu seiner Überraschung, daß die Antwort ganz anders ausfällt als erwartet. Meistens herrscht auf seine Frage hin im ersten

Augenblick Schweigen. Die Betreuerin muß nachdenken. Wenn sie dann zu sprechen beginnt, denkt sie weiter nach – jetzt allerdings laut. Ihre Antwort ist deswegen häufig stockend, nach Worten suchend, vage und selten kurz, bündig und klar formuliert.

Schritt 4: Das Problem klar und deutlich umschreiben

Eines der schwierigsten Teile der hier beschriebenen Methode – wenn nicht sogar der schwierigste – folgt jetzt: die Antwort der Betreuerin auf die Frage nach ihrem größten Problem umzusetzen in ein Problem. Denn was ist ein Problem? Es ist eine Umschreibung von einem oder mehreren Aspekten des Erlebnisses oder des Verhaltens, das die Betreuerin als schwierig empfindet. Je knapper die Umschreibung ist, desto besser. Es klingt ein wenig optimistisch, aber in vielen Fällen ist eine gute, kurze Problemumschreibung bereits die halbe Arbeit. Wenn nämlich eine bündige Umschreibung zustandekommt, wird schnell deutlich, in welcher Richtung Lösungen gesucht werden können. Eine Problemumschreibung, die aus zwei, drei Sätzen oder einem langen mit mehreren Nebensätzen besteht, bietet keine günstigen Perspektiven für einen guten Ansatz. Das Problem sollte ein handliches Paket sein und kein klobiges Gewicht, das nicht hochgehoben werden kann.

Die Betreuerin hat erzählt, welches ihr größtes Problem ist. Das Gesagte richtig zusammenzufassen ist – wie gesagt – bei weitem nicht einfach. Dies macht erforderlich, daß der Helfer der Antwort der Betreuerin die entscheidenden Informationen entnehmen und diese in einem Satz bündeln kann. In vielen Fällen wird dies nicht auf Anhieb gelingen. Das ist nicht weiter schlimm, denn die Betreuerin wird schon sagen, was nicht stimmt.

Die Betreuerin, der eine richtige Zusammenfassung ihrer Antwort vorgelegt wird, wird im günstigsten Fall erleichtert und befreit reagieren. „Ja genau, exakt das ist es.“ Die Wahrscheinlichkeit für eine solche Reaktion ist am größten, falls es sich um ein praktisches Problem handelt (z. B. aus Gesundheitsgründen nicht mehr in der Lage sein, dem Partner ins und aus dem Bad oder Bett zu helfen). Bei mehr psychischen oder emotionalen

Problemen wird auf eine korrekte Zusammenfassung oft eine andere Reaktion folgen. Die Betreuerin wird in vielen Fällen angeben, daß dies bei genauerer Betrachtung doch nicht ihr größtes Problem ist, sondern etwas anderes, das dem doch recht ähnlich ist oder sehr viel damit zu tun hat. Danach folgt wieder eine vage, zumeist lange Antwort. Dem Helfer fällt erneut die Aufgabe zu, diese Antwort so kurz wie möglich zusammenzufassen. Dieses Spielchen kann sich noch ein- oder zweimal wiederholen.

Was spielt sich hier ab? Dadurch, daß sie eine kurze Problemumschreibung hört, wächst bei der Betreuerin die Einsicht in ihre Situation. Ihre chaotischen Gedanken werden zu Worten mit einer eindeutigen Bedeutung. Was vage ist, wird klar, was schwammig ist, wird greifbar. Eine korrekte Problemumschreibung bringt die Betreuerin dichter an den Kern ihres Problems. Das Zusammenfassen und die Meinungskorrektur ähneln dem Schälen einer Zwiebel.

Vor allem in dieser Phase des Gesprächs muß der Helfer die Neigung unterdrücken, schnell zum nächsten Punkt überzugehen (um endlich etwas Konkretes unternehmen oder absprechen zu können). Denn es ist unwahrscheinlich, daß im weiteren Verlauf des Gesprächs eine Lösung gefunden wird, mit welcher der Betreuerin wirklich weitergeholfen wird, wenn die Problemdefinition nicht zu einem guten Abschluß gebracht wird. Es ist deswegen von großer Bedeutung, sich ausreichend Zeit zu nehmen, um die Probleme offenzulegen, bevor mit der Suche nach Lösungen begonnen wird.

Um das In-Worte-Fassen von Problemen zu erleichtern, folgen jetzt einige Tips bzw. Anweisungen.

- Achten Sie darauf, das kurz umrissene Problem nicht mit der Lösung zu formulieren.
  Nicht: „Betreuerin möchte, daß der hilfsbedürftige Angehörige sie nicht mehr den ganzen Tag lang beschuldigt, ihn zu bestehlen“,
  sondern: „Angehöriger bezichtigt Betreuerin andauernd des Diebstahls“.
  Nicht: „Betreuerin möchte mehr Zeit für sich haben“,
  sondern: „Betreuerin hat nicht ausreichend Zeit für sich“.

- Schreiben Sie nicht zwei Angaben auf, wenn eine bereits ausreichend ist. Wenn ein hilfsbedürftiger Angehöriger fortwährend die Aufmerksamkeit auf sich ziehen möchte und keine eigenen Aktivitäten unternimmt (völlig passiv ist), dann kann es sich um zwei verschiedene Probleme handeln, möglicherweise jedoch auch nur um ein einziges. Wenn Sie beide glauben, das eine werde durch das andere verursacht, dann wenden Sie sich zuerst der Ursache zu. Sie sprechen danach mit der Betreuerin ab, das zweite hintanzustellen in der Hoffnung, daß dieses verschwindet, wenn das erste Problem gelöst ist.
- Vage Bezeichnungen müssen vermieden werden. Ausdrücke wie manchmal, glücklich (Glück), lästig, irgendwo, eigentlich, mehr usw. stehen der Lösungsfindung im Wege. Denn keine klare Umschreibung bedeutet: keine Lösung. Wenn die Betreuerin sagt: „Ich fühle mich oft unglücklich", dann versuchen Sie sie näher bestimmen zu lassen, was sie unter „oft" versteht: der eine denkt bei „oft" an sechs Tage in der Woche, der andere an einen pro Woche. Ermitteln Sie so auch, was sie unter „unglücklich" versteht: Denkt sie dabei an „lebensmüde", an „niedergeschlagen" oder an „bekümmert". Versuchen Sie, wo es möglich ist, fast meßbare Ersatzbegriffe zu finden, so daß später auch festgestellt werden kann, ob Fortschritte gemacht wurden. Begriffe wie regelmäßig, manchmal und oft sind für solche näheren Präzisierungen gut geeignet.

Die Betreuerin und der Helfer haben ein Problem ausgewählt; doch was geschieht mit den anderen? Diese verdienen ebenfalls Beachtung. Es ist am besten, sich diese Probleme einzeln und nacheinander zu vergegenwärtigen und ihnen eine Zahl zuzuordnen: eine Zehn für das dringendste (diese Zahl wird wohl bereits vergeben sein), eine Eins für das am wenigsten dringende. Die Rangordnung gibt an, in welcher Reihenfolge die Probleme angegangen werden. Für den einen wird die Dringlichkeit eines Problems vor allem durch die Häufigkeit pro Tag bestimmt werden, für einen anderen sind es die Sorgen oder Schwierigkeiten, die durch das Problem verursacht werden.

Es wurde bereits erwähnt, daß es in den meisten Fällen am besten ist, das größte Problem zuerst anzugehen. Das ist jedoch kein unumstößliches Gesetz. Wenn der Helfer die Vermutung hat, daß das größte Problem nur schwer lösbar ist, kann er vorschlagen, zuerst ein anderes, leichteres Problem zu bewältigen versuchen. Ein erfolgreiches Angehen eines kleineren Problems erweckt bei der Betreuerin Vertrauen, das auch für größere Probleme eine Lösung gefunden werden wird.

Schritt 5: Betreuerin nach ihren Gefühlen beim Problem fragen

Während des ersten Schrittes versucht der Helfer die Situation aus dem Blickwinkel der Betreuerin zu sehen, während des fünften Schrittes beabsichtigt er herauszufinden, welche Gefühle die Betreuerin bei ihrem (größten) Problem bewegen. Er versucht, ihre Gefühlswelt nachzuempfinden. Er fragt jetzt nicht wie sie ihre Gesamtsituation erfährt, er fragt ausschließlich nach ihren Gefühlen beim (größten) Problem.

Aus mehreren Gründen ist es von Bedeutung, während des Gesprächs, das die Problemlösung zum Ziel hat, den Gefühlen ebenfalls Aufmerksamkeit zu schenken.

- Erst wenn die Betreuerin auch etwas über ihre Gefühle hat erzählen können und diese vom Helfer akzeptiert (= nicht verurteilt) sind, fühlt sie sich völlig verstanden. Häufig entsteht erst in dieser Phase des Gesprächs ein Vertrauensverhältnis.
- Nicht geäußerte Gefühle blockieren ab und an das kreative Denken. Indem Emotionen geäußert werden, wird der Kopf frei, um über Lösungen nachdenken zu können.
- Das Äußern von Gefühlen ist häufig ein Teil der Lösung. Manchmal ist es sogar die ganze Lösung, wenn es nämlich um ein Verarbeitungsproblem geht. Über Gefühle zu reden ist dann das einzige, was wirklich hilft. Viele Helfer glauben zu Unrecht, daß dann noch etwas geschehen muß. Solange sie nicht die eine oder andere konkrete Lösung oder einen praktischen Rat geben konnten, nagt es in ihrem Inneren.
- Die Art der Gefühle kann deutlich machen, in welcher Richtung jemand die Lösung sucht und wo lieber nicht. Emotionen werden heutzutage in der Psychologie immer öfter als Verhaltensdispositionen oder „Aktionstendenzen" definiert oder betrachtet. Jede Emotion neigt also zu einem bestimm-

ten Verhalten, möchte eine bestimmte Aktion. Jemand, den Schuldgefühle schwer drücken, möchte eine frühere Aktion ungeschehen machen, nachträglich etwas tun, was er damals unterließ, oder büßen; jemand, der bekümmert ist, möchte zurück zu der Situation vor dem Verlust; jemand, der sagt, er fühle sich machtlos, sucht (vergeblich) nach der Kontrolle über die Situation usw.

Wie sollte hier nach Gefühlen gefragt werden? Der Helfer macht dies, indem er unmittelbar nach der kurzen Problemdefinition Gefühlsfragen stellt wie „Wie erleben Sie das?“ oder „Welche Gefühle haben Sie dabei?“. Eine Betreuerin, die ihrem psychotischem Sohn Hilfe leisten möchte, der sich immer mehr verwahrlost, ihre Hilfe jedoch trotzdem abweist, könnte der Helfer etwa folgendermaßen ansprechen: „Sie wissen nicht, ob Sie Ihrem Sohn (der jede Hilfe Ihrerseits abzulehnen scheint) helfen sollen oder nicht. Wie fühlen Sie sich dabei?“

Bei Betreuerinnen mit einer höheren Ausbildung (die deswegen häufig ein wenig rationaler reagieren) wird die Antwort mit hoher Wahrscheinlichkeit ein wenig oberflächlich bleiben; anstatt etwas über Gefühle zu erzählen, folgt eine nähere, verstandesmäßige Erläuterung des Problems.

> „Einerseits weiß ich, daß mein Sohn erwachsen ist und gerne beweisen möchte, daß er das Leben alleine bewältigen kann, andererseits möchte man als Mutter helfen, wenn man sieht, daß der eigene Sohn abgleitet.“

Solche Antworten werden nicht aus Ungefälligkeit gegeben, sondern vielmehr deswegen, weil dies die übliche Ausdrucksweise ist. Der Helfer wiederholt dann seine frühere Frage: „Vielleicht war ich nicht deutlich, ich wollte wissen, welche Gefühle Sie bei…“

Wenn der Helfer von der Betreuerin beim ersten oder zweiten Anlauf eine Antwort erhält, in der ein oder mehrere Gefühle benannt werden, hat er nur eines zu tun: diese Gefühle laut zu wiederholen. Danach lassen Sie eine Stille von mindestens zehn Sekunden eintreten. Indem er die Gefühle wiederholt, weiß die Betreuerin, daß der Helfer ihre Gefühle gehört hat und diese nicht verurteilt. In fast allen Fällen wird die Betreuerin selbst das Schweigen brechen und das Gespräch in die von ihr gewünschte Richtung fortsetzen. Nicht selten wird sie noch mehr von sich enthüllen.

Wenn die Betreuerin nicht leicht über Gefühle spricht, z. B. weil sie diese selbst verurteilt oder weil sie vom Wesen her recht verschlossen ist, kann der Helfer die Gesprächstechnik anwenden, die am Ende des Abschnitts „Ansprechpartner sein" besprochen wurde.

War es bei den vorherigen Schritten noch möglich, daß die Betreuerin über ihre Gefühle sprach, ohne dabei etwas zu fühlen, so ist es in dieser Gesprächsphase keine Seltenheit, daß die Gefühle sie in dem Augenblick überkommen, wenn sie darüber spricht. Sie weint, wird wütend, wird verzweifelt, schämt sich usw. Das einzige, was der Helfer jetzt tun muß, ist zuhören.

Schritt 6: Gemeinsam das Problem analysieren

Wenn ein Auto Fehler und Mängel aufweist, dann ist es selbstverständlich, daß bei der Reparatur zuerst nach der Ursache des Defekts gesucht wird. Auch in menschlichen Beziehungen wird rascher eine gute Lösung erreicht, wenn zuerst Nachforschungen über die Ursache des erfahrenen Problems angestellt werden. „Kann der Schritt, nach der Ursache zu suchen, nicht ausgelassen werden? Kann ich nicht sofort handeln?" könnte ein Helfer jetzt anmerken. Der Nutzen dieser problemgerichteten Vorgehensweise besteht darin, daß sie häufiger und rascher zur richtigen Lösung führt. Denn verschiedene Ursachen müssen oft völlig verschieden angegangen werden. Ein Beispiel: Herr Schuster (80 Jahre) brachte seine nach einem schweren Schlaganfall leicht verwirrte Frau (82 Jahre) jeden Abend um halb zehn ins Bett und blieb danach bis halb zwölf wach, um noch zwei Stunden ungestört fernsehen zu können. Seine Frau schlief meistens sofort ein, wurde aber eine Stunde später in Panik und im Dunkeln wach. Dann fing sie an, nach ihrem Mann zu rufen. Herr Schuster realisierte sich, daß er selbst eine der Ursachen der Rufe seiner Frau war. Er kam zu der Einsicht, daß alleine im Dunkeln wach zu werden ein beängstigendes Erlebnis ist. Er tat deshalb dreierlei (aus: Gruetzner, Alzheimersche Krankheit, PVU, Weinheim, 1992):

Bevor er seine Frau ins Bett brachte, widmete er ihr einige Zeit lang alle Aufmerksamkeit; diese kam dadurch vollkommen zur Ruhe. Er ließ ein kleines Licht im Schlafzimmer brennen und wenn seine Frau wach wurde und nach ihm rief, antwortete er, sie brauche sich keine Sorgen zu machen, er sehe unten fern. Frau Schuster wurde dadurch beruhigt und schlief dann zumeist rasch wieder ein.

Wenn man, genau wie Herr Schuster, weiß, wie etwas zustandekommt, wird man besser in der Lage sein, eine Lösung zu finden. Bei manchen Problemen kann ohne große Mühe die Ursache festgestellt werden. Man denke an das Problem, daß Sitzungen in den Abendstunden wegen der Pflege des eigenen geistig behinderten Kindes immer abgesagt werden müssen. In vielen Fällen wird das gebündelte Wissen von Betreuerin und Helfer ausreichend sein, um den Grund für Problemverhalten rasch bestimmen zu können. Bei anderen Problemen ist es jedoch schwieriger, z. B. bei aggressivem Verhalten einer Person, die man betreuen muß, bei regelmäßig wiederkehrenden Streitgesprächen mit dem Partner oder den Kindern oder bei „ungehorsamem" oder nicht-kooperativem Verhalten seitens des hilfsbedürftigen Angehörigen (z. B. beim Baden oder Anziehen). In diesen Fällen ist es oftmals nicht möglich, sofort die Ursache festzustellen. Denn aggressives Verhalten des hilfsbedürftigen Angehörigen kann immens viele Ursachen haben. Die Umgebung kann zu hektisch oder unruhig sein (zu viele Menschen oder zuviel Lärm); es werden zu schwierige Fragen gestellt; der Demente möchte oder soll etwas machen, das seine Kräfte übersteigt; Medikamente, z. B. bei Parkinsonscher Krankheit; falsche Kommunikation; zu viele Auswahlmöglichkeiten; körperliche Beschwerden, z. B. Verstopfung; Schmerz; falsche Einschätzung dessen, was in der Umgebung geschieht, z. B. durch Hör- oder Sehstörungen usw. Die Ursache zu ergründen, scheint also mit anderen Worten leichter gesagt als getan. Wenn in Erfahrung gebracht werden soll, was die Probleme verursacht, wird auch hier methodisch vorgegangen werden müssen. Wird dies nicht getan, kann es lange dauern bis entdeckt wird, wodurch das Problem verursacht wird. Glücklicherweise gibt es ein einfaches Hilfsmittel, das dabei sehr zweckmäßig ist: Bitten Sie die Betreuerin, das Problemverhalten einige Zeit lang zu registrieren. Wenn die Betreuerin nicht gewohnt ist zu schreiben oder glaubt, dafür nicht die nötige Disziplin aufbringen zu können, kann der Helfer selbst die Registratur übernehmen. Er geht dann zusammen mit der Betreuerin die zurückliegenden Tage durch und wiederholt dies während der nächsten Wochen.

Benötigt wird für die Registratur lediglich ein Bleistift und ein Heft oder Block, dessen Seiten in fünf Spalten aufgeteilt werden.

In der ersten Spalte, „Zeitpunkt", notieren Sie, wann das Problemverhalten auftritt. Sie tragen beispielsweise 8.00 Uhr ein. Die zweite Spalte wird für die Beschreibung der Umgebung oder Situation, in der sich das Problem abspielte, verwendet; besser ist, wenn Sie die Umstände notieren, die herrschten *unmittelbar bevor* das Problemverhalten auftrat. Sie schreiben z. B. auf: „im Badezimmer: Bitte meinerseits, sich mit dem Anziehen zu beeilen". In der dritte Spalte sollte festgehalten werden, um welches Problem es geht, z. B. Weigerung, sich anzuziehen. In die vierte Spalte tragen Sie ein, wie Sie auf das Verhalten des hilfsbedürftigen Angehörigen reagierten. Sie vermerken z. B. „laut geschrien, damit endlich gemacht wird, was ich sage". In der 5. und letzten Spalte notieren Sie das Ergebnis Ihrer Reaktion, z. B. „Weinkrampf oder Beschuldigung seitens

	Zeitpunkt	Situation	Problem	Reaktion	Ergebnis
morgens mittags abends nachts					

Durchschnittlicher täglicher Streß

1 2 3 4 5 6 7 8 9 10

kein Streß — sehr viel Streß

des hilfsbedürftigen Angehörigen". Am unteren Ende der Seite ist Platz, um festzuhalten, wie groß der Streß an diesem Tag war, z. B. eine Acht, d. h. sehr groß.

(Das Heft kann auch dazu hinzugezogen werden, um alle Streßsituationen aufzuschreiben. Anhand dieser Notizen können Betreuerin und Helfer nach einiger Zeit bestimmen, welches Problem den meisten Streß hervorruft und zuerst angegangen werden sollte.)

Wenn das Heft ein oder zwei Wochen lang auf diese Weise geführt wird, wird vielfach ein bestimmtes Muster im Problemverhalten zu entdecken sein. Das Problem tritt zu *den gleichen Zeiten*, in *den gleichen Situationen* auf (kurz bevor es auftaucht, geschieht stets etwas ähnliches) oder Sie reagieren jedesmal auf *die gleiche Weise*.

Wenn der Zeitpunkt des Problemverhaltens immer der gleiche ist, kann der Helfer der Betreuerin vorschlagen, in dieser Hinsicht ein wenig zu experimentieren. Im obigen Beispiel kann sie den Zeitpunkt des Anziehens eine halbe Stunde verschieben (vielleicht war der Angehörige noch nicht richtig ausgeschlafen oder wollte zuerst essen).

Die Situation kann verändert werden oder der Lauf der Ereignisse kann beeinflußt werden. Die Betreuerin kann z. B. die Bitte nicht im Badezimmer (dort ist es zu kalt oder fühlt sich der Angehörige möglicherweise zu unsicher, um sich anzuziehen), sondern anderenorts äußern; oder aber sie wählt für ihre Bitte einen anderen Tonfall. Eine dritte Möglichkeit besteht darin, anders auf das Problem zu reagieren. Die Betreuerin nimmt sich z. B. vor, nicht mehr jedesmal eine Diskussion mit ihrem hilfsbedürftigen Angehörigen anzufangen. Sollte das verborgene Motiv, sich nicht anzuziehen, nämlich sein, auf diese Weise besondere Aufmerksamkeit zu erhalten, dann besteht die berechtigte Hoffnung, daß sein lästiges Verhalten in Zukunft unterbleibt.

Der Helfer kann die Betreuerin darauf hinweisen, daß grundsätzlich gilt, daß eine Reaktion, die für den hilfsbedürftigen Angehörigen belohnend ist, einem bestimmten Verhalten förderlich ist. Wenn dieser bemerkt, daß wiederholt die gleichen Fragen zu stellen oder Geschrei immer dazu führt, daß ihm Aufmerksamkeit geschenkt wird, darf angenommen werden, daß sich dies für ihn lohnt. Vor allem wenn er ein großes Bedürfnis nach Aufmerksamkeit hat. Denn diese besteht nicht nur in einem freundlichen Wort, in Körperkontakt oder (sofortige) Hilfe zu leisten; auch eine Zurechtweisung, eine Rüge oder ein Wortwechsel kann belohnend sein. Das unerwünschte Verhalten kann damit ungewollt aufrechterhalten werden.

Das Verhalten kann auch in einer anderen Absicht registriert werden. Im Heft kann man ebenfalls festhalten (lassen), wann und unter welchen Umständen der Angehörige erfreuliches oder erwünschtes Verhalten zeigt. Das Hauptproblem der Betreuerin sei, daß der Angehörige sehr häufig unruhig ist. Die Notizen können dann aufzeigen, daß er ruhig ist, wenn er vor dem Fenster sitzt und nach draußen sehen kann, wenn das Radio oder der Fernseher eingeschaltet ist, wenn er mit der Katze spielen oder den Fischen im Aquarium zusehen kann, wenn er die Gelegenheit hatte, sich kurze Zeit draußen aufzuhalten oder ein kurzes Mittagsschläfchen zu machen. Diese Kenntnis kann dazu genutzt werden, die Dauer und Häufigkeit der Ruheperioden zu vergrößern: wenn die Betreuerin die günstigen Bedingungen kennt, kann sie die Situation ein wenig zu lenken versuchen.

Schritt 7: Gemeinsam Lösungen suchen

Leider ist es nicht immer möglich, durch das Registrieren des Problemverhaltens die Ursache festzustellen. Manchmal ist das Problem so dringend, daß die Zeit fehlt, die Ursache auf die hier beschriebene Weise zu suchen: es muß rasch etwas geschehen. Glücklicherweise ist es nicht immer unbedingt notwendig zu wissen, worum es geht, um weiterzukommen.

Der nächste Schritt in der Problemlösungsmethode besteht darin, für das gewählte Problem so viele Lösungen wie möglich zu finden. Für die meisten Probleme gibt es mehr als nur eine Lösung. Der Helfer überlegt sich gemeinsam mit der Betreuerin Lösungen. Letztere fängt mit Brainstorming an. Ihr die Initiative zu überlassen, kann vermeiden helfen, daß sie zu der Überzeugung gelangt oder diese bestätigt glaubt, nur Experten könnten vernünftige Lösungen finden. Falls die Betreuerin wieder an ihr eigenes Können zu glauben beginnt, ist viel gewonnen.

Der Helfer bittet die Betreuerin ebenfalls, alles aufzuzählen, was sie in der Vergangenheit bereits getan oder versucht hat, um Erleichterung zu finden. Es ist möglich, daß sie zu der Zeit vorzeitig mit der Durchführung aufgehört hat, weil sie damals noch nicht so weit war. „Es funktionierte zwar, aber es löste nicht alles, deswegen habe ich halt aufgehört." Es ist denkbar, daß ihr mit einer bereits verworfenen Lösung jetzt doch weitergeholfen wird, weil sie ihre Vorstellungen oder Ziele halbwegs relativiert hat. Beim Formulieren oder Finden von Lösungen gibt es in dieser Phase (noch) keine Beschränkungen. Auch ideale oder theoretische, jedoch möglicherweise nicht realisierbare Lösungen dürfen geäußert werden. (Die Durchführbarkeit wird erst später überprüft.)

Versuchen Sie deswegen zusammen möglichst viel zu ersinnen. Fragen Sie die Betreuerin auch, was Angehörige, Freunde und Bekannte geraten haben und notieren Sie diese Ratschläge ebenfalls. Wenn die Betreuerin keine hundertprozentige Lösung weiß, bitten Sie sie auf jeden Fall, etwas zu formulieren, das teilweise funktioniert bzw. hilft. Halten Sie genauso Lösungen fest, welche die Betreuerin für unpraktisch oder nicht durchführbar hält.

Wenn die Betreuerin all ihre Lösungen aufgezählt hat oder auch wenn sie sich keine ausdenken konnte, fragt sie der Helfer, ob er einige Ergänzungen oder eigene Vorschläge machen darf.

Möglicherweise wissen weder Betreuerin noch Helfer für ein bestimmtes Problem eine Lösung. Manche Probleme sind nun einmal unlösbar. Der Helfer kann in einem solchen Fall vorschlagen, dieses Problem in Zukunft möglichst zu ignorieren, anstatt weiter leidenschaftlich nach einer Lösung zu suchen oder sich täglich über das Problem zu ärgern. Es besteht auch weiterhin, es ist noch genauso störend wie vorher, es wird jedoch beschlossen, es dabei zu belassen. Ein Beispiel. Eine Betreuerin ärgerte sich bereits seit ein paar Jahren maßlos über ihren Bruder, der ihr die Pflege ihrer hilfsbedürftigen Mutter völlig überließ. Sie hatte Himmel und Erde in Bewegung gesetzt, um ihren Bruder zur Mithilfe anzuregen, aber es hatte zu nichts geführt. Als der Helfer mit ihr verabredete, ihre Erwartungen an ihren Bruder künftig auf Eis zu legen, wurde sie zu ihrem Erstaunen innerlich viel ruhiger. Es zu ignorieren war hier eine bessere Vorgehensweise als doch noch alles mögliche zu versuchen mit allen dazugehörigen Emotionen.

Schritt 8: Eine Lösung auswählen

Nach der Formulierung mehrerer Lösungen besteht der nächste Schritt darin, einige bevorzugte Lösungen auszuwählen. Lassen Sie die Betreuerin aus der Liste zwei oder drei heraussuchen. Fragen Sie sie explizit, ob die Lösung, die ihr am meisten zusagen würde, überhaupt in der Liste auftaucht. Denn eine der wichtigsten Fragen, die ein Helfer einem Klienten stellen kann, ist: „Was möchten Sie am liebsten?" Eine Betreuerin, die wegen ihrer Probleme einen Helfer kontaktiert, hat in fast allen Fällen eine bestimmte Vorstellung, auf welche Weise ihr am liebsten geholfen werden sollte. Viele wissen sogar sehr genau, was sie wollen. Daneben gibt es Betreuerinnen, die dies wissen, es jedoch nicht sofort klar formulieren können. Die Ursache vieler Enttäuschungen und unterschwelliger oder offener Konflikte zwischen Helfer und Betreuerin ist das Versäumnis des Helfers, explizit nach dem zu fragen, was die Betreuerin vorzugsweise möchte. Der Helfer muß sich darüber im klaren sein, daß Betreuerinnen längst nicht immer aus sich heraus sagen, was sie gerne möchten. Sie glauben vielfach, daß es zum Sachverstand des Helfers gehört, ihre Gedanken lesen zu können. Wenn er nicht selbst den ersten Schritt macht und nach ihren Wünschen fragt, interpretiert das diese als mangelnden Sachverstand oder, noch schlimmer, als Unwillen, wirklich helfen zu wollen. Helfer sind jedoch keine Hellseher. Wenn die Betreuerin beim vorigen Schritt noch nicht deutlich angegeben hat, was ihre Lieblingslösung ist, wird der Helfer nachträglich danach fragen müssen.

Ein Beispiel für das, was geschehen kann, wenn es der Helfer unterläßt, nach den Wünschen der Betreuerin zu fragen, wird nachstehend beschrieben. Ein Gemeindepfleger traf bei einem Besuch eine 50jährige Frau an, die unter der Pflege ihrer leicht dementen Mutter völlig zusammenzubrechen drohte. Letztere war einen Monat zuvor aus dem Krankenhaus entlassen worden, obwohl sie nicht in der Lage war, sich selbständig zu versorgen. Weil es unverantwortlich war, sie in ihre eigene Wohnung zurückkehren zu lassen, war für sie ein Platz in einem Pflegeheim gefunden worden. Davon war sie nicht sehr begeistert, weshalb sie ihre Lieblings-, aber auch abhängigste Tochter so unter Druck gesetzt hatte, daß diese ihre Bitte, sie zu Hause zu pflegen, nicht abzuschlagen wagte. Als die Mutter nach Hause kam, zeigte es sich jedoch rasch, daß es für die Tochter viel zu schwer war. Der Hausarzt schaltete die Familienpflege ein. Über das Hilfsangebot war sie jedoch nicht froh. Der Gemeindepfleger, der ebenfalls vom Hausarzt informiert wurde, bemerkte auch, daß sie lieber keine Hilfe wollte. Als er sie fragte, weshalb sie so abweisend reagiere, kam der wahre Hintergrund zum Vorschein: Hilfe zu akzeptieren würde bedeuten, daß sie noch tiefer in die Ecke gedrängt werden würde, in der sie nicht stehen wollte. Sie würde ihre Mutter dann weiterhin pflegen müssen. Die Tochter wollte, auch wegen des Druckes, den ihr Partner auf sie ausübte, am liebsten versuchen, ihre Mutter nachträglich in ein Pflegeheim aufnehmen zu lassen.

Wenn zwei oder drei Lösungen ausgewählt wurden, setzen Sie die favorisierteste oben an die Liste. Konzentrieren Sie sich jetzt beide auf die Frage, wie die ausgewählten Lösungen in die Praxis umgesetzt werden können. Die folgenden Fragewörter helfen ihnen dabei: was, wann, mit wem oder bei wem, und vor allem wie. Der Helfer wird die letzte Frage zumeist mehrere Male stellen müssen. Ein Beispiel:

- Lösung der Betreuerin: „Um Vater so lange wie möglich zu Hause pflegen zu können, möchte ich in Zukunft dreimal pro Woche mittags Zeit für mich selbst haben."
- „Wie?"
- „Indem ich meine sechs Geschwister bitte, abwechselnd aufzupassen."
- „Wie bringen Sie es all ihren Geschwistern bei?"
- „Indem ich sie in drei Wochen zu mir nach Hause zur Beratung einlade."
- „Wie bringen Sie Ihre Bitte zur Sprache?"
  „Ich erkläre Ihnen mein Problem, welche Wünsche ich habe und frage sie, welche Möglichkeiten sie haben."

Bisweilen entdeckt die Betreuerin nach einer solchen Befragung, daß die Lösung, die sie am meisten favorisiert hatte, bei näherer Betrachtung nicht realisierbar ist. Meistens ist das für sie eine Enttäuschung. Daß sie die Unmöglichkeit einer Realisierung selbst feststellt, ist jedoch ein Gewinn. Erst wenn eine Betreuerin davon überzeugt ist, daß eine ideale Lösung nicht durchführbar ist, wird sie für andere Lösungen offen sein. Nicht realisierbare Ideale auszusortieren kann manchmal sehr viel Mühe kosten; denn gelegentlich arbeiten sich Menschen wahrlich lieber tot als ihre Ideale oder sehnlichsten Wünsche aufzugeben.

Eine andere Möglichkeit, um zu einer guten (durchführbaren) Lösung zu kommen, besteht darin, die Vor- und Nachteile der Lösungen durchzugehen. Bei den Nachteilen können auch Hindernisse wie finanzielle Kosten, investierte Zeit, Werte oder Normen (eine Lösung verträgt sich z. B. nicht mit dem, was der Betreuerin im Leben wichtig ist) auftauchen. Es ist hierbei nützlich, wieder mit Papier und Bleistift zu arbeiten. In zwei Spalten können die Vor- und Nachteile notiert werden. Wenn die Betreuerin das Ergebnis dann vor sich sieht, fällt ihr häufig eine Entscheidung leichter.

Eine Wahl zu treffen ist nicht schlichtes Addieren und Subtrahieren. Bestimmte Vorteile können ein größeres Gewicht haben als andere. Das Gewicht eines Vor- oder Nachteils wird oft durch damit zusammenhängende Gefühle bestimmt. Viele wichtige Entscheidungen in unserem Leben treffen wir hauptsächlich aus dem Gefühl heraus, die dazugehörigen Argumente denken wir uns, manchmal ohne es selbst zu wissen, später aus. In dieser Phase des Entscheidungsprozesses ist es deshalb eine wichtige Aufgabe des Helfers, die Gefühle, die beim Abwägen eine Rolle spielen, zutage zu fördern.

Schwierige Entscheidungsprozesse werden häufig durch in Konflikt geratene Gefühle verursacht. Der Betroffene ist sich dieser Gefühle oft nicht bewußt. Ein Beispiel: Eine Frau erwägt, ihre Arbeit aufzugeben, um in Zukunft ihre pflegebedürftige Mutter zu pflegen. Sie zögert jedoch. Sie fühlt sich als einzige Tochter für ihre Mutter verantwortlich. Eine Aufnahme in ein Pflegeheim erscheint ihr keine wirkliche Alternative: „Mutter ist sehr menschenscheu, sie wird zwischen all den fremden Menschen todunglücklich sein." Darüber hinaus empfindet sie ebenfalls eine gewisse Verpflichtung, ihre Mutter zu pflegen: „Das Haus, in dem ich jetzt wohne, habe ich von meiner Mutter bekommen." Andererseits hat sie nach jahrelangem Bemühen und eigenständiger Weiterbildung endlich eine Arbeit, die ihr gefällt. Diese möchte sie nicht gerne aufgeben. Als der Helfer sie fragt, weshalb diese Arbeit für sie so wichtig ist, antwortet sie: „Ich habe jetzt endlich erreicht, was ich will. Früher sah ich immer zu anderen auf, jetzt bin ich selbst wer. Wenn ich meine Arbeit aufgebe, habe ich das Gefühl, daß andere wieder auf mich hinabsehen werden. Pflegen hat kein hohes Ansehen. Ich habe auch Angst, daß Kollegen und Freunde sagen werden: ‚Sie war mit der Arbeit überfordert, aber jetzt hat sie eine Entschuldigung gefunden, um aufzuhören.' Das ist ein erniedrigender Gedanke für mich".

Der Helfer, dem es auf diese Weise gelingt, die emotionalen Gewinne oder Verluste nebeneinander oder einander gegenüber zu stellen, hat so einen wichtigen Schritt in seinem Streben getan, die Betreuerin aus ihrem inneren Zwiespalt zu befreien.

Helfer müssen während des Gesprächs, das die Problemlösung zum Ziel hat, nicht in jeder Hinsicht mit der Betreuerin übereinstimmen. Durch ihre Ausbildung und Erfahrung sowie dadurch, daß sie zur Situation eine gewisse Distanz haben, sind sie der Betreuerin gegenüber oft im Vorteil, wenn es um die Frage geht, welche Lösung wahrscheinlich greift und welche nicht. Er soll sein Wissen nicht für sich behalten. Wenn es jedoch um Entscheidungen von weitreichender Bedeutung geht, wird er es möglichst vermeiden, Ratschläge zu geben. Er darf in solch einem Fall eigentlich nur einen Rat erteilen, wenn er davon überzeugt ist, daß die Wahl oder die Lösung der Betreuerin eine große Bedrohung für die Gesundheit der Betreuerin, des Angehörigen oder beider beinhaltet. Z. B. wenn eine Betreuerin weiterhin die Pflege übernehmen möchte, obwohl ihre Gesundheit das nicht mehr zuläßt.

Ratschläge sind deswegen fast immer unangebracht, weil sie der Betreuerin ihre Verantwortung nehmen. Ein Rat, der sich im nachhinein als falsch erweist, ist obendrein nachteilig, weil die Betreuerin das Vertrauen in den Helfer verliert. „Ich habe getan, was Sie sagten, und was nun!" Manchmal wird so etwas mit kaum verhohlenem Stolz gesagt: „Sehen Sie jetzt, daß meine Situation hoffnungslos ist? Sie wollten mir ja nicht glauben!" Eine Betreuerin kann auch fragen „Was würden Sie in meiner Situation machen?". Der Helfer kann dann am besten erwidern: „Ich bin nicht Sie, also ist es besser, daß Sie entscheiden. Sehen wir uns deswegen Ihre eigenen Überlegungen an." Dadurch, daß er keine Ratschläge gibt, kann der Helfer sich selbst und der Betreuerin frustrierende Erfahrungen ersparen.

Schritt 9: Mentale Vorbereitung auf die Durchführung

Ein Sportler, der Großes leisten möchte, bereitet sich häufig vor, indem er – bewußt oder unbewußt – vor dem großen Moment den Wettkampf ein oder mehrere Male in Gedanken durchspielt. Er bringt dann eine größere Leistung, weil er auf eventuelle Schwierigkeiten im Wettkampf vorbereitet ist und darauf schneller und besser zu reagieren weiß. „Geistiges Trockenschwimmen" hilft genauso, wenn eine Betreuerin eine Lösung, die sie schwierig findet oder vor der sie sich scheut, in die Praxis umsetzen muß.

Die mentale Vorbereitung kann auf zwei Arten durchgeführt werden: die Betreuerin erzählt dem Helfer sehr detailliert, was sie tun wird und besonders wie oder beide machen ein Rollenspiel. Die Betreuerin spielt dabei sich selbst und der Helfer den hilfsbedürftigen Angehörigen oder eine andere Person, die bei dem Problem eine Hauptrolle spielt.

Wie den Sportler befähigt diese Vorbereitungsweise die Betreuerin, eventuellen Hindernissen beizeiten auf die Spur zu kommen. Enttäuschungen werden dadurch vermieden. Ebenso wichtig ist, daß sie bei der eigentlichen Durchführung rascher den richtigen Tonfall trifft. Die Betreuerin hat sich z. B. vorgenommen, den hilfsbedürftigen Angehörigen in Zukunft beim Zubereiten der Mahlzeit mitarbeiten zu lassen, um etwas an seiner Passivität zu ändern. Es kann sein, daß sie bei der mentalen Vorbereitung entdeckt, daß sie bei dem Gedanken, daß die Kartoffeln nicht so ordentlich geschält werden, wie sie das möchte, ungeduldig und irritiert wird. (Dies war in einer früheren Phase auch der Grund, diese Arbeit künftig selbst zu machen). Sie kann sich dann vornehmen: „Dieses Mal werde ich nicht böse werden; bevor ich die Kartoffeln koche, werde ich selbst die Schalenreste entfernen."

Auf diese Weise kann der Helfer die Betreuerin einsehen lassen, daß Probleme niemals ohne Anstrengung gelöst werden können. Wenn sie vorhersieht, daß die Schwierigkeiten zu groß sind, kann in diesem Stadium ein alternatives Vorgehen oder eine andere Lösung beschlossen werden. Es ist ebenfalls möglich, ein anderes Problem anzugehen.

Schritt 10: Unterstützung suchen

Sogar wenn sie in großen Schwierigkeiten stecken, können manche Menschen erst dann etwas leisten, wenn sie von anderen unterstützt werden. Ohne ein Schulterklopfen oder den strengen Blick seitens Personen, die ihnen nahestehen, können sie die Disziplin nicht aufbringen, das, was sie sich vorgenommen haben, auch wirklich zu tun. Auch Menschen, die im Normalfall ausreichend Rückgrat haben, benötigen in einer Lebensphase, in der sie anfällig sind, die moralische Unterstützung anderer. Sie brauchen jemanden, mit dem sie ihre Erfolge oder Enttäuschungen teilen können. Wenn sie den Mut zu verlieren drohen, kann sie ein Gespräch oder ein Schulterklopfen wieder aufrichten. Vernünftigerweise sollte die Betreuerin deshalb gebeten werden, andere bei der Lösung ihres Problems zu beteiligen. Oft reicht es völlig aus, ein Kind, einen Freund oder eine Nachbarin über die Art und Weise zu informieren, in der man das Problem angehen möchte. Ein Freund oder Bekannter kann und wird der Betreuerin ebenso bei praktischen Problemen helfen wollen, die eventuell in diesem Zeitraum auftauchen, z. B. einen Brief zu formulieren oder ein Formular auszufüllen, mit dem sie Schwierigkeiten hat.

Schritt 11: Zeitplanung

Bei vielen Menschen bleibt es bei guten Vorsätzen, weil sie es versäumen, sich feste Termine zu setzen, wann das, was sie sich vorgenommen haben, auch wirklich in die Tat umgesetzt werden soll. Um zu vermeiden, daß eine Betreuerin, der Sie helfen wollen, auch in diese Kategorie fällt, ist es ratsam, gemeinsam einen klaren Zeitplan aufzustellen. Wann fängt die Betreuerin an? Wieviel Zeit gibt sie sich, um zu einer Lösung zu gelangen? Wann kontaktiert sie den Helfer, um die Fortschritte zu besprechen? Natürlich kann genauso ein Zeitpunkt vereinbart werden, zu dem der Helfer Kontakt aufnimmt oder vorbeischaut.

Schritt 12: Durchführung und Bewertung

Die letzten Schritte sind die tatsächliche Durchführung und die Bewertung. Im Grunde handelt es sich um zwei Schritte, aber sie werden hier zusammengezogen, weil der Helfer während der Bewertung die Durchführung mit der Betreuerin bespricht. Wenn es sich zeigt, daß das Problem jetzt seltener auftritt oder als weniger lästig erfahren wird, darf angenommen werden, die richtige Lösung gewählt zu haben.

Für jede Betreuerin ist es eine angenehme Erfahrung, wenn sie bemerkt, daß das, was sie zusammen mit dem Helfer erarbeitet hat, auch in der Praxis erfolgreich zu sein scheint. Sie gewinnt mehr Selbstvertrauen (und der Helfer wahrscheinlich auch).

Wie gut ein Problem auch analysiert, wie genau das Ziel oder die Handlung auch umschrieben wurde, so ist es dennoch möglich, daß man keinen Schritt vorwärtskommt. Wenn eine Vorgehensweise keine Wirkung zeigt, kann das verschiedene Ursachen haben: man ist doch zu optimistisch gewesen, die Ursache war eine andere und die Vorgehensweise war deshalb nicht die richtige, die Situation hat sich verändert (der hilfsbedürftige Angehörige hat z. B. weiter abgebaut), die Durchführung war nicht hundertprozentig, weil die Betreuerin dafür unzureichende Fähigkeiten besitzt. Hierzu kann folgendes getan werden:
- ein (neues) leichteres Ziel setzen;
- ein anderes Vorgehen wählen;
- ein anderes Problem angehen;
- einen anderen Helfer einschalten.

Ich bin mir bewußt, daß diese letzte Lösung für den Helfer der ersten Stunde nicht immer leicht ist. Er muß sich eingestehen, daß sein Sachverstand oder seine Möglichkeiten unzureichend sind. Es liegt jedoch nicht nur im Interesse der Betreuerin, sondern auch in seinem, daß er frühzeitig seine Grenzen sieht. Denn zu lange weiterzuwursteln, ist auch dem Selbstvertrauen des Helfers abträglich.

Ein Fallbeispiel

Ich werde die Problemlösungsmethode jetzt – mit Ausnahme des ersten Schrittes (die Situation aus dem Blickwinkel der Betreuerin betrachten) – kurz an einem Beispiel darlegen. Den ersten Schritt, der zuviel Platz erfordert, ersetzen wir durch eine knappe Schilderung der Situation. Die Schritte 2 bis einschließlich 5 werde ich in Dialogform wiedergeben, die übrigen Schritte (wiederum aus Platzmangel) überwiegend in Erzählform.

Kurze Situationsbeschreibung

Der Sozialarbeiter Herr Jacobs bekommt über den Hausarzt Kontakt mit Frau Klein (71 Jahre), die bereits seit vier Jahren ihren dementen Ehemann pflegt. Sie möchte ihren Mann bis zu seinem Tode zu Hause pflegen, aber in den letzten Monaten fällt ihr das immer schwerer. Sie fürchtet, daß, wenn es so weitergeht, sie selbst zusammenbrechen wird.

Während der letzten Wochen hatte sie Ausschlag auf ihren Händen, ihrem Rücken, im Gesicht und am Hals, der einen fürchterlichen Juckreiz mit sich brachte. Kein Hausmittel führte zu Linderung. Völlig ratlos ging sie schließlich zu ihrem Hausarzt. Dieser bestätigte ihr, was sie selbst bereits vermutet hatte, nämlich daß es wahrscheinlich an den Nerven und dem Streß lag. Er riet ihr, mit der Sozialstation Kontakt aufzunehmen. Auf diese Weise kam sie zu Herrn Jacobs, der sie ausführlich über die Pflege ihres Mannes berichten ließ.

Schritt 2: Probleme ordnen

Herr Jacobs: „Wenn ich Ihre Geschichte richtig verstanden habe, so gibt es vier hauptsächliche Probleme: Sie können ihren Ehemann nicht oder kaum alleine lassen, seine nächtliche Unruhe, die Tatsache, daß er sich kaum selbst beschäftigen kann und die häufigen Streitereien zwischen Ihnen beiden."

Frau Klein: „So ist es."

Schritt 3: Ein einziges Problem auswählen

Herr Jacobs: „Welches dieser vier Probleme bereitet Ihnen die meisten Schwierigkeiten, mit anderen Worten, von welchem Problem wären Sie am liebsten erlöst?"

Frau Klein: „Das ist eine schwierige Frage. Eigentlich von allen vieren. Wenn ich dennoch wählen muß: die Streitereien mit meinem Mann. Wir geraten an die vier- bis fünfmal pro Tag in die Haare. Es scheint fast so, als ob es immer schlimmer werden würde."

Schritt 4: Das Problem klar und deutlich umschreiben

Herr Jacobs: „Ihr größtes Problem besteht darin, daß Sie und Ihr Mann sich durchschnittlich vier- bis fünfmal pro Tag streiten?"

Frau Klein (nach kurzem Zögern): „Nicht ganz, eigentlich ist es mehr die Tatsache, daß ich mich nicht beherrschen kann, das finde ich am schlimmsten."

Herr Jacobs: „Kann ich dann sagen, daß Ihr größtes Problem ist, sich gegen Ihren Willen oft nicht beherrschen zu können, wodurch Sie Streit mit Ihrem Mann bekommen?"

Frau Klein: „Genau."

Herr Jacobs: „Alle Probleme gleichzeitig anzugehen ist sehr schwer, sind Sie deshalb damit einverstanden, daß wir zuerst dieses eine Problem angehen und sehen, ob wir etwas erreichen können?"

Frau Klein nickt zustimmend.

Herr Jacobs: „ Ich will die anderen Probleme nicht vergessen. Wir kommen später auf sie zurück und werden sehen, ob wir auch bei diesen etwas erreichen können. Im Augenblick möchte ich Sie zuerst bitten, den übrigen drei Problemen eine Note zu geben, eine Zahl zwischen 1 und 10. Diese Bewertung bestimmt, in welcher Reihenfolge die drei übrigen Probleme später angegangen werden.“ (Er notiert die drei Probleme und bittet Frau Klein dahinter eine Note zu schreiben).

Schritt 5: Betreuerin nach ihren Gefühlen beim Problem fragen

Herr Jacobs: „Lassen Sie uns nun auf das Problem zurückkommen, das Sie als erstes angehen möchten. Sie sagen, Sie können sich manchmal nicht beherrschen. Können Sie mir sagen, was Sie in solch einem Augenblick fühlen?“

Frau Klein: „Zuerst werde ich zornig. Wenn er mich z. B. fragt, wo sein Overall und seine Arbeitsschuhe sind, fange ich innerlich schon an zu kochen. Er will zum Acker, um Bohnen zu ernten oder etwas ähnliches. Er arbeitet bereits seit 10 Jahren nicht mehr als Gärtner, das Grundstück haben wir schon lange verkauft. Ich verstehe dann nicht, daß er das nicht einsieht. Obendrein finde ich, daß er sich auf seine alten Tage die Hände nicht mehr schmutzig zu machen braucht. Wenn ich ihn dann frage, wofür er seine Arbeitskleidung und seine Schuhe benötigt, habe ich meine Stimme kaum noch unter Kontrolle. Wenn er antwortet, zum Acker zu wollen, will ich zornig werden. Aber er ist schneller. Dann folgt ein Wortgefecht. Wenn ich eine halbe Stunde später wieder zur Besinnung komme, fühle ich mich schuldig. Ich schäme mich dann auch, daß ich mich habe so gehen lassen.“

Herr Jacobs: „Sie werden zuerst zornig, danach fühlen sie sich schuldig und dann schämen Sie sich?“

Frau Klein (fängt an zu weinen): „Es ist doch so ein lieber Mann. Was könnten wir es gut haben, wenn er diese schreckliche Krankheit nicht bekommen hätte.“ (Ihre Tränen trocknend:) „Ach lassen Sie nur, manchmal wird es mir einfach zuviel. An solch eine Krankheit gewöhnt man sich nie.“

Schritt 6: Gemeinsame Analyse des Problems

Herr Jacobs schlägt vor, nicht sofort alle Situationen, in denen Frau Klein sich nicht beherrschen kann, anzugehen, sondern sich vorläufig auf diejenigen zu beschränken, wenn ihr Mann deutlich macht, arbeiten gehen zu wollen und sie die Selbstkontrolle verliert. Dieses Problem tritt seit einigen Wochen und seitdem ein bis zweimal täglich auf. Um zu einem späteren Zeitpunkt analysieren zu können, was die Ursachen dafür sind, daß Frau Klein sich auch bei anderen Gelegenheiten häufig nicht beherrschen kann, bittet Herr Jacobs sie, in der kommenden Woche täglich in einem Heft festzuhalten, was das Problem ist, wie sie darauf reagiert und wie im folgenden ihr Mann wiederum auf sie reagiert.

Herr Jacobs und Frau Klein sind sich schnell einig, daß die wahre Ursache für ihre mangelnde Selbstbeherrschung nicht bei ihm liegt. Sie sitzt vielmehr in ihrem Kopf. Sobald er nach seiner Arbeitskleidung fragt, geht es schief. Dies realisierte Frau Klein in dem Augenblick, als Herr Jacobs den ersten Versuch unternahm, ihr Problem zu umschreiben und sie fragte: „Ihr größtes Problem besteht darin, daß Sie und Ihr Mann sich durchschnittlich vier- bis fünfmal pro Tag streiten?"

(Im übrigen geschieht es in der Praxis des öfteren, daß eine klare Problemumschreibung sowohl die Ursache als auch die Lösung des Problems greifbar nahe bringt. Aus diesem Grunde kann nicht genug betont werden, den Schritt 4 sehr sorgfältig zu durchlaufen.)

Schritt 7: Gemeinsam Lösungen suchen

Herr Jacobs und Frau Klein erarbeiten gemeinsam folgende Lösungsvorschläge:

- Das Zanken und Streiten fortsetzen.
- Ablenken, ein anderes Thema anschneiden.
- Die Frage negieren.
- Verständnis für die Gedächtnisstörung des Ehemannes haben. Die Frage als Versuch ansehen, noch nützlich zu sein. Ihn für seinen Einsatz loben und streicheln. Ihn beruhigen, daß seine Söhne die Ernte bereits eingebracht haben und alles in Ordnung ist.

Schritt 8: Auswählen einer Lösung

Herr Jacobs fragt Frau Klein, welche Lösung sie, als sie zu ihm Kontakt aufnahm, tief in ihrem Herzen am liebsten realisiert gesehen hätte und wie sie sich von ihm am liebsten hätte helfen lassen wollen.

Frau Klein antwortet, daß sie eigentlich eine mehr oder weniger magische Lösung von ihm erwartet hatte:

„Ich weiß eigentlich nicht genau was, halt irgend etwas, wodurch alles viel einfacher für mich werden würde. Ich gebe zu, es ist im Grunde genommen ein sehr kindischer Gedanke. Ein Helfer ist kein lieber Gott. Das weiß ich auch, aber wenn man sich keinen Rat mehr weiß, fängt man an, die merkwürdigsten Dinge zu denken."

Nach diesem Bekenntnis gibt Frau Klein an, jetzt überzeugt zu sein, daß niemand ihr besser helfen kann als sie selbst. Daraufhin untersuchen sie gemeinsam, welche der vier bereits erwähnten Lösungen sie am meisten anspricht.

Die erste Lösung scheidet aus, weil genau sie den Streß verursacht. Die zweite Lösung (ablenken) lehnt sie ab, weil sie der Ansicht ist, ihr Mann lasse sich nicht so einfach etwas ausreden. Hinzu kommt ebenfalls, daß sie ihren Mann ungern hinters Licht führen möchte. Lösung drei streicht sie durch, weil sie die wiederholten Fragen ihres Mannes zu negieren noch schwieriger findet als das, was sie bisher macht. Deswegen entscheidet sie sich für Lösung vier.

Schritt 9: Mentale Vorbereitung

Nachdem Frau Klein die Lösung vier gewählt hat, schlägt ihr Herr Jacobs ein kurzes Rollenspiel vor, in dem er die Rolle des Ehemannes spielen werde. Sie stimmt nach kurzem Zögern zu.

In diesem Rollenspiel fragt er sie, wo seine Arbeitskleidung ist, so daß sie sich geistig darauf vorbereiten kann, anders zu reagieren. Das ist wichtig, weil sie so üben kann, nicht auf die übliche Weise impulsiv zu reagieren. Bevor sie „ihrem Mann" antwortet, zählt sie innerlich bis fünf und reagiert genau so, wie sie es sich wünscht: ruhig und freundlich.

Schritt 10: Unterstützung suchen

Auf die Frage von Herrn Jacobs, ob sie jemanden kenne, der bei diesem Problem helfen und ihr moralische Unterstützung bieten könne, antwortet Frau Klein resolut, daß sie diese Hilfe nicht benötige.

„Ich habe Sie jetzt. Bei einem anderen Problem würde ich meine jüngste Tochter fragen, aber bei diesem Problem traue ich mich nicht, mit jemandem darüber zu sprechen. Ich schäme mich deswegen zu sehr, sogar vor meiner Tochter."

Schritt 11: Zeitplanung

Noch rascher als auf die vorherige Frage reagiert Frau Klein auf die Frage, wann sie mit der Durchführung dessen, was sie beide besprochen hätten, beginnen werde: „Sofort. Gleich wenn Sie zur Tür raus sind. Ich meine natürlich, daß ich es sofort in die Praxis umsetzen werde, wenn mein Mann wieder mit seiner Arbeitskleidung anfängt."

Schritt 12: Die Lösung durchführen und bewerten

Frau Klein wendet in den darauf folgenden Tagen mehrmals an, was sie mit Herrn Jacobs abgemacht und in einem Rollenspiel geübt hat. Während der Bewertung eine Woche später kann sie ihm mit Stolz berichten, daß ihre beruhigenden Worte ihren Mann besänftigt haben. Ihr Streß hat dadurch ebenfalls abgenommen. Gemeinsam mit Herrn Jacobs beschließt sie, jetzt die anderen „Beherrschungsprobleme" anzugehen.

Es ist ihr auch gelungen, vier Tage lang ihr Tagebuch zu führen (während der letzten drei Tage war nichts mehr vorgefallen).

Zusammenfassung

Ich kann mir vorstellen, daß so mancher Helfer, der die Problemlösungsmethode kennengelernt hat, sagen wird: „Nein, dafür habe ich absolut keine Zeit" oder „Muß ich denn wirklich so kompliziert und umständlich vorgehen?". Darauf würde ich folgendes antworten wollen: Während der ersten Fahrstunde denken nicht wenige, daß sie das Fahren niemals in den Griff bekommen werden und besser weiterhin radfahren sollten oder sich (definitiv) für öffentliche Verkehrsmittel entscheiden müßten. Meistens entdeckt man jedoch sehr rasch, daß die Beharrlichkeit belohnt wird. Bald muß man nicht mehr bei jeder Handlung nachdenken; fast automatisch gehen die Handlungen ineinander über. Anfängliches Zögern und Bedenken („Das lerne ich nie.“) sind dann bereits wieder vergessen. Nach einigen Jahren des Autofahrens gibt manch ein Autobesitzer an, gar nicht mehr ohne Auto auskommen zu können.

Jemand, der seine Skepsis und anfängliches Zögern überwindet und beschließt, das oben angeführte System Schritt für Schritt abzuarbeiten, wird, genau wie ein Fahrschüler, sehr rasch bemerken, daß seine Anstrengungen belohnt werden. Wird er auch anfangs suchen müssen („Was soll ich jetzt doch gleich wieder machen?“), wird er bald „den Dreh herausbekommen“. Er entdeckt, daß ihn diese Methode nicht mehr Zeit kostet als seine frühere Vorgehensweise, daß es jetzt sogar häufig schneller geht, weil weniger Zeit mit Gezänk und beiderseitigen Mißverständnissen verloren geht. Zugleich bemerkt er, daß sein Sachverstand rasch zunimmt: die Methode versetzt den Helfer in die Lage, die Betreuerin und ihre Probleme mehr „von innen heraus“ kennenzulernen.

Manchmal hat man jedoch einfach nicht die Zeit, alle Schritte zu durchlaufen. Bisweilen ist auch das Problem, weshalb der Helfer um Hilfe gebeten wird, so offenkundig und praktisch, daß eine ausführliche Untersuchung nicht nötig, sogar überflüssig ist. Bei etwas komplexeren Problemen, die insbesondere bei solchen psychischer Natur vorliegen, sollten die zwölf Schritte allerdings sehr wohl alle durchlaufen werden. Wenn man in solchen Fällen befürchtet, daß dieses Verfahren zu zeitraubend und teuer wird, sollte man sich überlegen, daß falsche oder unnötige Hilfe, die über einen kurzen oder langen Zeitraum hinweg geboten wird, häufig noch zeitraubender und teurer ist. Wenn einem die Umstände dennoch zu wenig Zeit für alle Schritte lassen, kann – allerdings unter Inkaufnahme gewisser Risiken – eine Kurzfassung gewählt werden. Diese besteht aus folgenden Elementen bzw. Schritten:

- Nach dem größten Problem fragen und die Antwort darauf klar umschreiben (Problemdefinition).

- Nach den Gefühlen beim größten Problem fragen.
- Fragen, was der Klient am liebsten möchte.
- Die Machbarkeit der bevorzugten Lösung der Betreuerin untersuchen und falls nicht realisierbar:
- Betreuerin nach der Lösung fragen, die ihr am zweitliebsten ist oder fragen, ob man selbst einen Lösungsvorschlag machen darf.
- Vereinbarungen über die Lösung treffen.

Zum Schluß

Lösungen führen nicht immer zum Erfolg. Probleme zu lösen heißt, (sich trauen) etwas auszuprobieren; es erfordert Übung. Das Risiko des Mißerfolgs ist immer gegenwärtig: eine Lösung, die in der einen Situation Wirkung zeigte, hat manchmal bei einer anderen Betreuerin mit dem gleichen Problem keinen Erfolg.

Einige Betreuerinnen machen es sich rasch zur Gewohnheit, mit Lösungen zu experimentieren. Andere schrecken davor zurück oder sind der Ansicht, daß sich doch der demente Angehörige ändern müsse. Wieder andere empfinden es als schwer, auf die hier beschriebene Weise vorzugehen, weil sie einsehen, daß sie dann akzeptieren müssen, daß ihr Angehöriger eine unheilbare Krankheit hat und daß die Probleme nicht von selbst verschwinden werden. Für den letzteren Fall ist es wichtig, daß Helfer vorsichtig vorgehen und der Akzeptanz der Krankheit viel Aufmerksamkeit widmen. Lösungen sollten dann als Vorschläge oder Möglichkeiten unterbreitet werden. Der Helfer kann dabei anführen, daß einige andere Menschen, die in der gleichen Lage waren, daraus ihren Nutzen gezogen haben. Aktiv nach Lösungen zu suchen ist praktisch immer besser als nichts zu unternehmen oder in der Situation zu verharren: Betreuerinnen haben manchmal einfach das Bedürfnis zu hören, daß der Helfer etwas für sie oder den Patienten zu tun versucht.

Literatur

Biegel, D.E./Sales, E./Schulz, R., *Family caregiving in chronic illness*. Sage, London 1991

Borgius, P., *Partners in zorg*, Van Gorcum, Assen 1994.

Brody, E.M., *Woman in the middle*. Springer, New York 1990.

Brody, E.M., Parent care as a normative family stress. *The gerontologist 25*, 1985, 19–29.

Buijssen, H.P.J., *Ideeën over ouderen*. NIG 1984.

Buijssen, H.P.J., *Senile Demenz,* Psychologie Verlags Union, Weinheim 1993

Daal, H.J. van, *Vrijwilligerswerk en informele hulp in Nederland*. NIMAWO, Den Haag 1990.

Deutsche Hauptstelle gegen die Suchtgefahren (DHS), Sucht und die Familie. *Drogen-Report*, 13, 37–39, 1992.

Duijnstee, M.S.H., *De belasting van familieleden van dementerenden*. Intro, Nijkerk 1992.

Gruetzner, H., *Alzheimersche Krankheit*, Psychologie Verlags Union, Weinheim 1992.

Infratest Sozialforschung, Infratest Gesundheitsforschung: *Hilfe- und Pflegebedarf 1991*. München 1992 (Sonderveröffentlichung des Bundesministeriums für Familie und Senioren).

Klinkert, Y., *Als zand door onze vingers*. Van Gennep, Amsterdam 1989.

Knipscheer, C., Family care of the impaired elderly: possibilities for innovation. In: Heuvel, W. van den/Schrijvers, G. (red.), *Innovations in care for the elderly. Europeans experiences*. De Tijdstroom, Lochem/Gent 1986.

Opportunities For Woman, *Care to work*, Centre Two, Ossion Mews, London 1990.

Parmentier, F., *Ik heb nog zoveel te doen*. De Toorts, Haarlem 1991.

Rolland, J.S., A conceptual model of chronic and life-threatening illnesses and its impact on families. In: Chilman, C.S./Nunnally, E.W./Cox, F.W. (red), *Chronic illness and disability*, Sage, Newbury Park 1988.

Rubinstein, R., *Neen heb je.* Meulenhof, Amsterdam 1986.

Schneekloth & Potthoff, *Hilfe- und Pflegebedürftige in privaten Haushalten.* Bericht zur Repräsentativerhebung im Forschungsprojekt „Möglichkeiten und Grenzen selbständiger Lebensführung" (Schriftenreihe des Bundesministeriums für Familie und Senioren). Kohlhammer, Stuttgart 1993.

Strauss, A.L. u. a., *Chronic illness and the quality of life.* Mosbey, St. Louis 1984.

Das große Handbuch der Seelischen Gesundheit

Früherkennung und Hilfe bei sämtlichen psychischen Störungen

Frederic I. Kass, John M. Oldham, Herbert Pardes (Hrsg.),
Lois B. Morris (Redaktion)

Bearbeiter und Herausgeber der deutschen Ausgabe:
Prof. Hans-Ulrich Wittchen,
Max-Planck-Institut München

Aus dem Amerikanischen von Brigitte Stein

432 Seiten, zweifarbig, gebunden. ISBN 3-88679-235-8

Bei diesem Buch handelt es sich um das erste psychiatrische Nachschlagewerk, das sämtliche psychische Störungen berücksichtigt, von weitverbreiteten Problemen wie Schlaflosigkeit bis hin zu den ernsthaften psychischen Krankheiten wie Schizophrenie, manische Depression oder Alzheimersche Krankheit. Dieses Buch zeigt auf, wie und warum den meisten Menschen geholfen werden kann, die unter einer psychischen Störung leiden, ob es sich nun um Kinder mit Verhaltensproblemen handelt, Erwachsene mit Sexualstörungen oder Menschen in jedem Lebensalter, die unter Ängsten leiden, die ihr alltägliches Dasein belasten. Ein groß angelegtes Handbuch für zu Hause und für alle diejenigen, die es mit Menschen zu tun haben, die Rat bei psychischen Problemen suchen oder unter schweren psychischen Störungen leiden.

Psychologie für die Pflege

Huub Buijssen/Rolf Hirsch (Hrsg.)
Probleme im Alter
Diagnose, Beratung, Therapie, Prävention
1995. ISBN 3-621-27291-7

Huub Buijssen
Senile Demenz
Eine praktische Anleitung für den Umgang mit Alzheimer-Patienten
1993. ISBN 3-621-27181-3

Huub Buijssen
Die Beratung von pflegenden Angehörigen
1996. ISBN 3-621-27307-7

Howard Gruetzner
Alzheimersche Krankheit
Ein Ratgeber für Betroffene und Angehörige
1992. ISBN 3-621-27129-5

Rainer Hornung/Judith Lächler
Psychologisches und soziologisches Grundwissen für Krankenpflegeberufe
Ein praktisches Lehrbuch
6., neu ausg. Aufl. 1994. ISBN 3-621-27213-5

Barbara-Maria Ostermann
Psychologie für Krankenpflegeberufe
Ein Lehrbuch
1996. ISBN 3-621-27315-8

Jörg von Scheidt/Marie-Luise Eikelbeck
Gerontopsychologie
Eine Einführung in die Pflege alter Menschen
1995. ISBN 3-621-27268-2

Martin Trebert
Psychiatrische Altenpflege
Ein praktisches Lehrbuch
3., überarb. Aufl. 1995. ISBN 3-621-27184-8

Kurt Wirsing
Psychologisches Grundwissen für Altenpflegeberufe
Ein praktisches Lehrbuch
4., neu ausg. Aufl. 1993. ISBN 3-621-27168-6

D. Windemuth/R. Schweer/
B. Schmidt/Achim Bongers
Psychohygiene
Ein Lehrbuch für die Altenpflege
1996. ISBN 3-621-27318-2